Prof. Dr. Gottfried Vauk, Lutz Behrendt und Jens Stumpf:

Speisekammer Wald und Heide

Wildbret und Wildfrüchte aus heimischen Revieren

Landbuch
Verlag Hannover

Impressum

Vauk, Gottfried; Behrendt, Lutz und Stumpf, Jens:
Speisekammer Wald und Heide. Wildbret und Wildfrüchte aus heimischen Revieren/
Gottfried Vauk, Lutz Behrendt und Jens Stumpf. – 1. Auflage –
Hannover: Landbuch Verlag Hannover, 2000.

ISBN 3-7842-0603-4

1. Auflage, 2000.

© Landbuch Verlagsgesellschaft mbH Hannover
  Postfach 160, 30001 Hannover
  Kabelkamp 9, 30179 Hannover
  Tel.: 05 11/ 6 78 06 - 0
  Fax: 05 11/ 6 78 06 - 2 20
  http://www.landbuch.de

Hinweis:

Alle in diesem Buch enthaltenen Angaben, Daten, Ergebnisse etc. wurden von den Verfassern nach bestem Wissen erstellt und von ihnen und dem Verlag mit größtmöglicher Sorgfalt überprüft. Eine Verantwortung und Haftung für etwaige inhaltliche Unrichtigkeiten kann jedoch nicht übernommen werden. Der Haftungsausschluss gilt nicht, soweit nach dem Produkthaftungsgesetz für Personen- und Sachschäden gehaftet wird. Jeder Leser muss beim Umgang mit den genannten Stoffen, Materialien, Geräten usw. Vorsicht walten lassen, Gebrauchsanweisungen und Herstellerhinweise beachten sowie den Zugang für Unbefugte verhindern.

Projektleitung und Redaktion: Ulrike Clever, Landbuch Verlag Hannover
Lektor: Erhard Brütt, Landbuch Verlag Hannover
Titelbildcollage: Fotos Peter Gauditz, Hannover
Menüfotos: Peter Gauditz, Hannover
Heidemotive: Roland Albers, Hannover
detaillierter Bildquellennachweis auf Seite 207
Titelgestaltung und Layout:
DRAG 'N DROP – Büro für visuelle Kommunikation
Gesamtherstellung: Landbuch Verlag Hannover

ISBN 3 7842 0603 4

Geleitwort

Liebe Leserinnen und Leser,

schon wieder ein neues Kochbuch! Gibt es davon nicht schon reichlich und für alle möglichen Gelegenheiten? So oder ähnlich könnte Ihre erste Reaktion ausfallen. Richtig ist sie. Und dennoch scheint mir ein Kochbuch wie dieses wichtig und auch notwendig. Es widmet sich vorwiegend den Wildprodukten, die aus den uns nahe gelegenen Landschaften stammen: Wildbret und Wildfrüchten. Mit ihnen lassen sich traumhafte Gerichte auf den Tisch zaubern, wie Sie beim Lesen genüsslich feststellen werden.

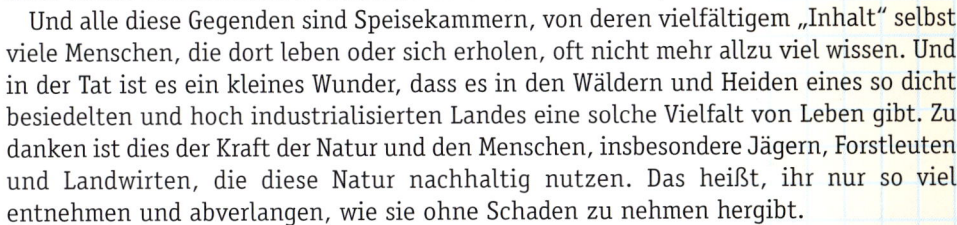

Zwar gibt es in den Regalen der Supermärkte eigentlich alles, was die Welt bietet und was Gaumen und Magen erfreuen kann. Offensichtlich hat jeder von uns aber irgendwie und immer häufiger den Wunsch, etwas auf den Tisch zu bekommen, von dem man weiß, es stammt aus der Region, in der ich lebe, aus den Wäldern, von den Feldern und Wiesen, die ich kenne.

Dieses Kochbuch bietet Tipps und Rezepte, mit denen man sich und Freunden einmal den Wunsch nach einem besonderen Essen erfüllen kann. Wald und Heide, das sind die hauptsächlichen Landschaftstypen, aus denen die dafür verwendeten Produkte kommen. Diese Landschaften sind mehr oder minder ausgeprägt in allen Teilen Deutschlands zu finden, im Norden und Süden, im Osten und Westen.

Und alle diese Gegenden sind Speisekammern, von deren vielfältigem „Inhalt" selbst viele Menschen, die dort leben oder sich erholen, oft nicht mehr allzu viel wissen. Und in der Tat ist es ein kleines Wunder, dass es in den Wäldern und Heiden eines so dicht besiedelten und hoch industrialisierten Landes eine solche Vielfalt von Leben gibt. Zu danken ist dies der Kraft der Natur und den Menschen, insbesondere Jägern, Forstleuten und Landwirten, die diese Natur nachhaltig nutzen. Das heißt, ihr nur so viel entnehmen und abverlangen, wie sie ohne Schaden zu nehmen hergibt.

Der Mensch hat im Grunde keine Wahl, er muss die Natur nutzen, um sein eigenes Leben zu erhalten. Dieses Kochbuch tritt den anschaulichen Beweis an, dass sich auch heute noch aus den frischen Produkten, die uns die Natur und natürlich die Landwirtschaft liefern, wohlschmeckende Gerichte zubereiten lassen.

Wenn man dann noch so ganz nebenbei Tipps erhält, wie man Kontakte zu Jägern und Förstern, Landwirten und Gärtnern aufbauen kann und damit etwas mehr über das Leben im Wald und auf der Heide erfährt, dann ist das spannend und informativ zugleich.

So wünsche ich dem Kochbuch eine weite Verbreitung zur Freude der Verbraucher und derer, die uns die Produkte liefern.

Karl- Heinz Funke
Bundesminister für Ernährung, Landwirtschaft und Forsten

Liebe Leserinnen und Leser,

die Idee zu diesem Buch entstand zunächst beim WaldForum 2000 e.V., dem Trägerverein des registrierten regionalen EXPO-Projekts „WeltForum Wald" im Landkreis Soltau-Fallingbostel. Dieser Landkreis zählt zu den waldreichsten Kreisen Niedersachsens und liegt mitten in der landschaftlich reizvollen Lüneburger Heide. Das Forum setzt sich in Zusammenarbeit mit der Schutzgemeinschaft Deutscher Wald, Landesverband Niedersachsen und der Niedersächsischen Landesforstverwaltung weltweit für den Erhalt und die richtige Nutzung des Waldes ein. In einem Unterprojekt widmet es sich explizit dem Wild aus heimischen Wäldern.

Auch dem Landbuch Verlag Hannover, in dem dieses Buch produziert und verlegt wurde, ist es ein Anliegen, sich für die natürlichen Ressourcen und ihre Verwertung in der Land- und Forstwirtschaft, genauso wie für die verantwortungsvolle Jagd einzusetzen. Deshalb ist dieses Buch nicht ausschließlich als Wildkochbuch konzipiert, in dem sich ein Rezept an das andere reiht. Vielmehr wollen die Initiatoren daran erinnern, dass der Wald und die Landschaften um uns herum Lebensraum vieler natürlicher Köstlichkeiten sind, die den Speiseplan des Menschen bereichern und darüber hinaus noch gesundheitsfördernd wirken. Der Wald bietet eine große Fülle an Nahrungsmitteln und ist die Urquelle all unserer heutigen „kultivierten" Nahrungsmittel. Ohne den Wald hätte sich der Mensch und auch sein Speiseplan nicht so entwickeln können, wie wir es gewohnt sind.

Gehen Sie mit uns auf eine spannende Lesereise durch unsere heimischen Landschaften und Wälder und finden Sie mit uns die leckeren Köstlichkeiten, die die Natur für uns bereit hält. Denn es gibt sie noch bei uns, die wild lebenden Tiere, die Wildbeeren und wild wachsenden Pilze. Sie alle gehören zu unserem Lebensraum und manche von ihnen bieten sich zum Verzehr an. Leider ist das Wissen um diese natürlichen Lebensmittel vielfach in Vergessenheit geraten. Ihr einzigartig aromatischer und würziger Geschmack, an den die Kulturnachzüchtungen kaum heranreichen, ist vielen von uns – bisher – fremd. Aus Unkenntnis, Vorurteilen und unbegründeten Ängsten verzichten viele auf diese geschmacklichen Erfahrungen. Wir möchten Sie durch die informierenden Texte im ersten Teil des Buches und durch die vielen ausführlich Schritt für Schritt beschriebenen Rezepturen an dieses ergiebige Thema heranführen. Lassen Sie sich auf dieses genussvolle Erlebnis ein! Genießen Sie die Natur mit allen Sinnen – sie bietet sich und ihre Produkte dazu an.

Damit dieses Buchprojekt in die Tat umgesetzt werden konnte, waren viele Helfer erforderlich. Ganz besonderer Dank gilt Prof. Dr. Gottfried Vauk, der das Projekt angestoßen und mit vielen anekdotischen Informationskapiteln bereichert hat. Unermüdlich war auch der Einsatz von Lutz Behrendt, dem Studiendirektor an den Berufsbildenden Schulen Soltau (BBS)/Abteilung Gastgewerbe, und seines Kollegen, dem Küchenmeister und Praxislehrer Jens

Stumpf, die die originellen Rezepte kreiert und viele nützliche Tipps und Kniffe verraten haben. Ein paar ihrer besten Rezepte steuerte auch Käthe Leiner bei, die viele Jahre die Gäste im Jagdschloss Springe bekochte und alljährlich die Wildprobierküche der Landesjägerschaft Niedersachsen auf der Großmesse „Pferd & JAGD" betreut. Für das Dekorationskapitel unterstützte uns Elke Cordes, die an der BBS das zukünftige Servicepersonal unterrichtet.

Dank gebührt auch Dr. Klaus Merker, dem Leiter des Klosterforstamtes Soltau, der uns in seinem Artikel auf den Seiten 68 bis 71 einen kurzen Einblick in die Direktvermarktung von Wildbret gewährt. In einem aufwändigen Fotoshooting erstellte Peter Gauditz die authentischen Menüfotos und Richard Albers lieferte die stimmungsvollen Heideporträts. Eine Heidenarbeit hatte auch die Agentur DRAG 'N DROP, die sich um die grafische Umsetzung kümmerte. Ihnen allen gilt unser aufrichtiger Dank!

Viel Spaß beim Lesen, Betrachten, Nachkochen, Neukreieren und bei Ihren Ausflügen in die natürliche Speisekammer vor unserer Haustür wünschen

Ihnen

Ulrike Clever
Projektleiterin
Landbuch Verlag Hannover

Erhard Brütt
Wildmeister

Inhaltsverzeichnis

Im Wald gibt's nicht nur Bäume 8
Nutzbare Wildarten aus Wald und Heide 17
Essbare Früchte aus Wald und Heide 40
Essbare Pilze aus Wald und Heide 47
Der Wald – Urheimat der Biene 56
Beschaffung, Verwertung und Vermarktung von Wildbret 59

Vorspeisen
Gebratenes Damhirschfilet 84
Gebratene Hirschleber 86
Pudding von der Rehleber 88
Rehfilet im Strudelteig 90
Sülze von Waldpilzen 92
Sülze vom Wildkaninchen 94

Suppen
Erlesene Hirschsuppe 97
Eskariolsuppe 98
Hagebutten-Suppe 100
Hervorragende Ringeltaubenbrühe 100
Kartoffel-Steinpilz-Topf 103
Klare Wildkraftbrühe 104
Kürbissuppe 106
Pfifferlingsessenz mit Schinkenwickeln 108
Rotkrautsuppe 110
Schaumsüppchen 112
Wildrahmsuppe 114

Hauptgerichte
Damhirschpfeffer 117
Damhirschrücken 118
Gebeiztes Wildkaninchen 120
Gebratener Frischlingsrücken 121
Gefüllte Wildente 122
Geschmortes Wildkaninchen 123
Geschmorte Wildschweinhaxen 124
Geschmorte Wildschweinschulter 126
Wilder Schweinskopf 129
Geschnetzeltes Rehfilet 130
Glasierter Damhirschrücken 132
Glasierte Hasenkeule mit Machandeln 136
Hirschkalbsmedaillons 138

Hirschragout. 140
Rehkeule 142
Rehragout 143
Rehrücken 144
Roulade vom Rothirsch 147
Sauerkrautroulade. 148
Wildenten 152
Wildkaninchen im Topf 153
Wildschweinkotelett 154
Wildschwein-Ragout 155
Wildtauben. 156

Süßspeisen
Bickbeerpfannkuchen 158
Blaubeer-Quark-Krem 158
Brombeerkrem 159
Buchweizenpfannkuchen nach Großmutter-Art 159
Buchweizenpfannkuchen mit Ebereschenmark. 160
Gefüllte Sauerkrem 162
Geißblattparfait 164
Hagebutten-Kompott. 165
Holunderküchlein 165
Mohnkrem 166
Rote Grütze 169
Sauerampfer-Walnusskrem 170
Spargeleis. 173
Spargelsalat 174
Waldbeerengrütze 176
Walnuss-Auflauf 178

Heide-Produkte
Heideblütentee mit Honig 181
Heidebeeren-Kuchen 181
Heideblütenhonig-Parfait. 183
Frische Heidekartoffeln 184
Buchweizen-Torte 186
Heidesand 188
Gedämpfte Heidschnuckenschulter 190
Heidschnuckenleber 192
Heidschnuckenpfeffer 193

Servier- und Dekorationstipps 195

Im Wald gibt's nicht nur Bäume

Wildbret und Waldfrüchte als forstliche Nicht-Holzprodukte

Zumindest im Bereich Niedersachsens hat sich für den Wald der Begriff Multifunktionalität voll durchgesetzt. Diese Multifunktionalität lässt sich mit drei Stichworten kurz beschreiben:

- Nutzen (forstwirtschaftliche, nachhaltige Nutzung der Baumbestände und des Wildes)
- Schutz (betrifft vor allem Klima, Wetter und Wasser)
- Erholung (für den Menschen).

In der Funktion „Nutzung" sind zwar die Nicht-Holz-Produkte des Waldes enthalten, sie werden oft aber nicht gebührend genannt und erläutert. Im forstlichen Schrifttum werden diese Produkte unter der Abkürzung FNHP – Forstliche Nicht-Holzprodukte – zusammengefasst. Mir scheint diese Bezeichnung für den Laien schwer interpretierbar und merkbar. Ich würde diese Produkte lieber als Ressourcen, Sekundärressourcen des Waldes bzw. der Wälder weltweit bezeichnen. In einer hervorragenden Studie, die von der GTZ (Gesellschaft für Technische Zusammenarbeit) in Auftrag gegeben wurde *(Autoren: Cornelia Sepp, Sven Walter, Wolfgang Werner)*, die 1966 erschien, werden die Aspekte der Nutzung der Sekundärressourcen des Waldes ausführlich behandelt. Dem Fachmann bietet die Studie eigentlich alles Wissenswerte. Für den Laien, zu denen häufig auch Fachleute anderer Richtungen zählen, sind die Fülle des Gebotenen wie auch die Fallbeispiele nur schwer zu erfassen und in das eigene Gedankengut zu integrieren.

Aus meiner Sicht ist es aber bedeutsam, dass gerade die Menschen der Industriegesellschaft erkennen müssen, welche Bedeutung der Wald mit all seinen Ressourcen seit Urzeiten und noch heute für ihn hatte und hat. Besonders wichtig scheint mir dabei der Blick zurück in die Historie (Nach-, d.h. Zurückdenken ermöglicht ein effektives Vor-Denken – Zukunfts-Denken).

Die Menschen unserer Gesellschaft sehen den Wald heute vorrangig als Erholungsraum. Holz ist zwar nach wie vor weitgehend positiv belegt. So sind Möbel aus Massivholz wieder gefragt. Ein Kaminfeuer schafft „Gemütlichkeit", eine holzverkleidete Wand „Wärme". Diese positive Bewertung des Holzes darf aber nicht darüber hinwegtäuschen, dass es sich hier um emotionale Regungen handelt, die mit der Realität kaum Beziehungen haben. Natürlich gibt es weltweit einen großen Holzmarkt, der aber vom Einzelnen weder durchschaut noch bestimmt werden kann. Um hier zu einer einerseits rationaleren und andererseits auf die Waldbehandlung (weltweit) einwirkenden Einstellung der Menschen zu kommen, wird versucht werden müssen, täglich greifbare, erfassbare Bezüge aufzuzeigen, emotional und rational.

Unsere Vorfahren nutzten den Wald in seiner ganzen Vielfalt und wussten um die essentielle Bedeutung dieser, ihrer Umwelt. Noch heute ist diese Waldnutzung, verbunden mit einer entsprechenden Einstellung, bei indigenen Völkern zu finden und wird (leider!) vom so genannten modernen Menschen kaum noch verstanden. Oft genug werden diese Bindungen sogar mutwillig um des so genannten technischen Fortschritts willen oder wegen vordergründiger wirtschaftlicher Zwänge zerstört. Wald wird gestört, vernichtet und mit ihm die Menschen, die noch in, mit und von ihm leben. Überleben diese Menschen trotzdem, so sind sie ihrer Kultur und ihrer Identität beraubt.

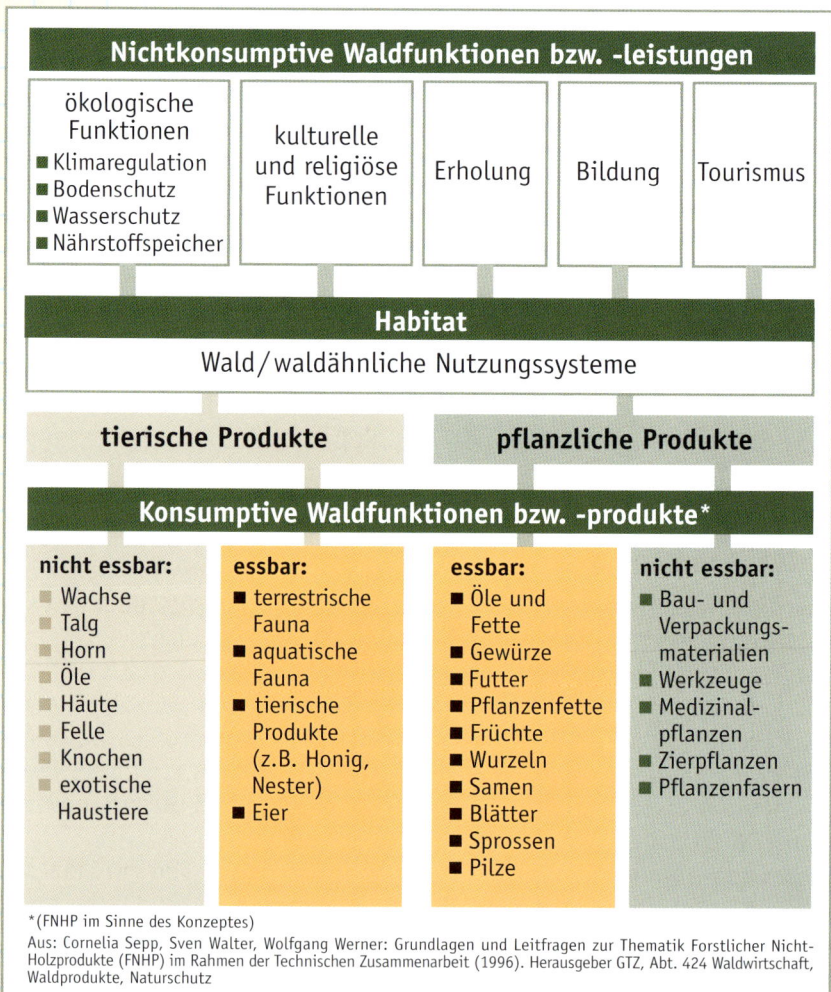

*(FNHP im Sinne des Konzeptes)

Aus: Cornelia Sepp, Sven Walter, Wolfgang Werner: Grundlagen und Leitfragen zur Thematik Forstlicher Nicht-Holzprodukte (FNHP) im Rahmen der Technischen Zusammenarbeit (1996). Herausgeber GTZ, Abt. 424 Waldwirtschaft, Waldprodukte, Naturschutz

Es bedarf eigentlich keiner großen Erläuterungen, um festzustellen, dass der Mensch ohne Holz sich weder in seiner Umwelt hätte behaupten, vermehren noch entwickeln können. Gilt dies neben dem Holz auch für die Sekundärressourcen? Ich beantworte diese Frage mit einem eindeutigen „Ja". Ein Blick auf das Diagramm macht bereits die Vielfalt der Ressourcen und ihre Verwendung im menschlichen Bereich deutlich.

Wildbret

Beginnen wir mit den tierischen Produkten. Wenn mir dazu einfällt, dass wir heute noch in unseren Wäldern Wildarten haben, deren Bestände es erlauben, jährlich große Mengen Wildbret-Fleisch zu „ernten" (allein im Heide-Landkreis Soltau-Fallingbostel 12 000 bis 15 000 Stück Reh-, Rot-, Dam- und Schwarzwild), so ist dies in einem dicht besiedelten, verkehrsreichen Industrieland fast ein Wunder. Zu danken ist es einer mustergültigen, nachhaltigen Nutzung. Dieses natürliche Nahrungsmittel ist in Deutschland trotz hoher Preise sehr beliebt, sodass längst nicht einmal die Hälfte des Bedarfs aus unseren Wäldern gedeckt werden kann. Der restliche Bedarf wird aus Ländern mit Überschüssen, z.B. Osteuropa, gedeckt.

Haustiere – domestizierte Waldbewohner

Ein Blick in ferne Vergangenheit macht überdies deutlich, dass das Nachdenken weiter greifen muss. Wer denkt heute schon noch daran, dass das leckere Brathähnchen, das Suppenhuhn, das Frühstücksei nicht vorhanden wären, hätten Menschen in grauer Vorzeit aus einem Waldvogel, dem asiatischen Bankiva-Huhn, nicht das Haushuhn gezüchtet. Gleiches gilt übrigens für die Hausschweine, deren Stammvater unser Wildschwein ist, mit dem sich Hausschweine jederzeit fruchtbar kreuzen können. Noch schwerer vorstellbar ist die Tatsache, dass unsere Rinder von einem europäischen Wald- und Wildrind, dem Ur- oder Auerochsen, abstammen, der schon 1627 ausstarb.

Fest steht, dass ein Überleben der Menschheit ohne diese Waldtiere und deren Domestikation nicht möglich gewesen wäre. Ebenso wären wir heute schnell am Ende, gäbe es weltweit keine Hühner, Schweine, Rinder mehr.

Es wird heute viel über den Fortschritt in Technik, Kommunikation und Lebensqualität nachgedacht und oft mit Euphorie geschwärmt. Kein Mensch scheint aber darüber nachzudenken, welche Kulturtat es war, wilde Waldtiere zu domestizieren und damit essentielle

Bedürfnisse zu befriedigen, und natürlich – ohne Wald hätte es diese Wildtiere nicht gegeben! Der Übergang vom Wildtier zum Haustier liegt weitgehend im Dunkel unserer Ur- und Vorgeschichte.

In der Wissenschaft ist wenig Platz für Phantasie, und dennoch habe ich immer wieder, während ich Haustierkunde und Tierzucht studierte, darüber nachgedacht, wie das wohl gelaufen ist, der Übergang vom Wild- zum Hausschwein. Vielleicht war es so, dass einer dieser Urjäger eine führende Bache von ihren Frischlingen weg erlegte. Vielleicht hat er ein paar Waisen-Frischlinge mit nach Hause genommen, und seine Frau hat sie, wie auch immer, großgepäppelt. Und da war er dann auf einmal da, der leckere Wild-/Schweinebraten, den man sich ohne große Mühe vom Hof holen konnte. Vielleicht war es so, vielleicht ganz anders. Auf jeden Fall befreite sich der Mensch auf diese Weise weitgehend von der Härte, der Unwägbarkeit der Jagd und den daraus resultierenden Not- und Hungerperioden. Und das alles spielte sich im Wald ab, nahm von ihm seinen Ausgang. Ähnliches gilt übrigens auch für pflanzliche Nahrungsmittel. Aber dazu später mehr.

Tierische Produkte

Die Tierwelt des Waldes bot und bietet dem Menschen aber nicht nur Fleischprodukte für die Ernährung. Viele Produkte, auch unseres täglichen Bedarfs, stammen von den Tieren des Waldes. Da sind Häute und Felle, deren Nutzung eine Selbstverständlichkeit war und bleiben sollte. Eigentlich ist es eine völlig unverständliche Sache, dass die Pelze und Häute bei uns erlegter Wildtiere kaum genutzt werden. Andererseits sind für viele andere Länder diese Naturprodukte ein wichtiger Beitrag zur Eigenversorgung und für den Export. Auch hier gilt, wie für den Wald ganz allgemein, dass diese Nutzung auf Nachhaltigkeit basieren muss und dann auch sinnvoll ist.

Nutzung der Naturressourcen ist Bestandteil allen Lebens

Hierzu beizutragen, ist auch eine Aufgabe, der sich die Menschen der Industrienationen (Verbraucher also) stellen sollten. Nicht unreflektierter Tierschutz ist gefragt, sondern eine bewusste Einstellung zum Wald und allen Mitgliedern dieser Lebensgemeinschaft. Nutzung der Natur- ressourcen ist Bestandteil allen Lebens, und der Mensch kann sich diesen Kreisläufen nicht entziehen. Säugetiere sind und bleiben auch wir. Die Entwicklung unseres Verstandes und unseres

Gewissens sollte uns verpflichten, von unseren Fähigkeiten auch im Umgang mit dem Wald und seinen Geschöpfen Gebrauch zu machen.

Nachhaltige Nutzung

Die Liste der nutzbaren und genutzten „Substanzen", die von den Tieren des Waldes stammen, lässt sich noch erweitern um Öle, Fette, Horn und Knochen – Rohstoffe, die oft achtlos behandelt werden und doch von großer Bedeutung sind, vor allem in der direkten Nutzung durch Menschen, die noch im Wald aus dem Wald leben. So werden von diesen Menschen auch z.B. die Eier von Wildvögeln genutzt. Solange diese gesammelten Eier im Eigenverbrauch bleiben, ist ihre Nutzung sinnvoll und ohne Nachteile für die betroffenen Vogelarten. Diese Menschen wissen in der Regel ganz genau, wann, wo, wie und wie viele Eier Vogelnestern zu entnehmen sind, ohne dass die Vogelpopulation selbst Schaden nimmt.

Ein schönes Beispiel für überbordende Ausbeutung stellt die Nutzung der Eier von großen Seevogelkolonien dar. Solange die einheimische Bevölkerung Eier dieser Vögel für den Eigenverbrauch sammelte, war es eine nachhaltige Nutzung über einen sehr langen Zeitraum. Erst als Verkauf und Geld ins Spiel kamen, wurden die Vogelkolonien skrupellos ausgebeutet. Ein Treiben, dem erst nachhaltiger Schutz Einhalt gebieten konnte.

Fische

Ein besonderes Kapitel wäre der Nutzung der Fischbestände von Waldgewässern, Flüssen und Seen zu widmen. Ganze indigene Stämme in den Urwäldern der Welt leben von dieser Waldressource. Selbst in unserem Land spielen frei lebende Süßwasserfische z. B. aus den Waldseen Schleswig-Holsteins, Mecklenburgs und Pommerns eine Rolle
bei der Versorgung der Bevölkerung. Wenn Fische aus den Seen Ostafrikas bei uns auf den Markt kommen, ist Nachdenklichkeit sicher angezeigt.

Die Honigbiene

In gewisser Weise stellt das ursprüngliche Waldinsekt Honigbiene ein ganz besonderes Phänomen dar. Einerseits spielen Wildbienen und ihre Produkte noch heute für waldbewohnende Menschen eine wichtige Rolle bei der Gewinnung von Nahrung und Rohstoffen, z.B.

Wachs. Andererseits hat der Mensch hier ein Insekt zum Haustier gemacht, um dessen Produkte leichter ernten zu können. Die Biene, ein Haustier, mag mancher fragen. In der Tat erfüllt die Biene alle Kriterien, die ein Haustier kennzeichnet: Fürsorge und Obhut durch den Menschen (z.B. geregeltes Futter in Notzeiten, Bereitstellung einer Unterkunft), gelenkte Zucht (nur ausgewählte Königinnen werden zur Zucht eingesetzt), Nutzung der Produkte der Tiere (Wachs, Honig, Pollen). Die Imkerei, bei uns fast nur noch Nebenerwerb oder Hobby, stellt in anderen Ländern einen nicht unerheblichen Wirtschaftsfaktor dar. Deutlich wird hier auch der Bezug zum Wald und/oder Bäumen. Vor mir liegt der Katalog eines großen Honigversandgeschäftes, und da wird u. a. angeboten: Fichtenhonig, Weißtannenhonig, Akazienhonig, Waldhonig, Lindenhonig, Heidehonig, Eukalyptushonig, Tannenhonig, Kastanienhonig, Orangenhonig.

Waldschätze

Von dem Waldinsekt Biene ist der Schritt zum botanischen Bereich „Waldschätze" vorgezeichnet. Bienen sind neben anderen Insekten, Vögeln und sogar Fledermäusen die wichtigsten Überträger von Blütenstaub und Fruchtansatz bzw. Samenproduktion vieler Bäume, Sträucher und Blütenpflanzen. So ist das Haustier Biene für den Obstbauern von essentieller Bedeutung. Ebenso wie Wild-Waldtiere zu Haustieren wurden, sind viele unserer Nutzpflanzen ursprünglich wild wachsende Waldpflanzen. Dies gilt z.B. für alle kern- und steinobsttragende Bäume ebenso wie für das Beerenobst unserer Breiten. Weltweit schaffte der Mensch sich so eine dauerhafte und weitgehend berechenbare Basis für seine Ernährung und damit die Möglichkeit, auf Dauer und in großer Zahl zu überleben und zu Kosmopoliten zu werden. Er konnte sich vom Sammler und Jäger zum sesshaften Menschen entwickeln.

Waldbeeren

Es wird erkennbar, dass dieser Prozess bis heute noch nicht abgeschlossen ist. Die im Wald vorkommenden Waldbeeren reichten für den steigenden Bedarf nicht aus, und der Mensch begann, die heute allgegenwärtigen Garten-(Plantagen-)Erdbeeren zu züchten. Gerade begonnen hat ein ähnlicher Prozess bei Heidel- und Preiselbeeren. Zu Recht ist z.B. im Naturschutzgebiet Lüneburger Heide das Sammeln von Beeren nicht gestattet. Die dort wachsenden Bestände wären dem Besucheransturm nicht gewachsen und würden verschwinden. Die Folgen würden weit über die Pflanzen hinaus auf

das ganze Ökosystem durchschlagen. Da andererseits die Nachfrage nach diesen Waldfrüchten nicht geringer wurde, war es nur folgerichtig, dass der Mensch begann, Preisel- und Blaubeeren (nordamerikanische) in Kultur zu nehmen. Heute hat diese Plantagenwirtschaft (wie bei Obst und anderen Beeren) als Nischenproduktion in der Landwirtschaft bereits eine gewisse Bedeutung erlangt.

Obst – kultivierte Waldfrüchte

Was für unsere Breiten gilt, gilt auch weltweit für Waldfrüchte aller Art. Waren es in meiner Kindheit nur Bananen und Orangen, die den Weg zu uns fanden, steht man heute an den Obstständen der Supermärkte staunend vor einer kaum noch zu überblickenden Vielfalt aus aller Welt. Mit Sicherheit ist für subtropische und tropische Länder hier durch die Ernte von wilden Waldfrüchten und deren Kultivierung eine Möglichkeit eröffnet worden, Arbeitsplätze und Verdienst zu schaffen. Auch hier gilt, dass nur nachhaltige Nutzung einerseits und Kultivierung von Fruchtträgern andererseits dem Wald nicht schaden und dem Menschen nutzen wird.

Die Wildkirsche, *die auch als Vogelkirsche bezeichnet wird, ist ein Baum, der bis zu 20 Meter hoch wird und noch oft in artenreichen Mischlaubwäldern anzutreffen ist. Im April bzw. Mai steht er in Blüte. Dies ist die Urform unserer Süßkirsche, die von den Römern gezüchtet und dadurch auch nach Mitteleuropa gelangte.*
Vogelkirschen besitzen einen aromatischen, süßen Geschmack und werden noch heute gerne zu Saft und Marmelade verarbeitet.

Es wäre ein sinnloses Unterfangen, hier den Versuch zu machen, alle Pflanzen des Waldes zu nennen, die wir entweder als Wild- oder Kulturpflanzen für unsere Ernährung nutzen. Eine gewaltige Liste würde das werden. Es wäre allerdings eine Arbeit, die sich wohl lohnen würde. Sie würde vom Obst über die Beeren bis zu den Säften (Ahornsirup) reichen.

Die Heilkräfte der Pflanzen

Schon immer nutzte der Mensch Pflanzen aus seiner Umwelt als Heilpflanzen. Noch vor wenigen Jahrzehnten wussten viele Menschen auch in unserem Lande um diese heilenden Kräfte der Natur. Mir fällt aus Kindertagen sofort der „Fliederbeer"-Holundersaft und seine wohltuende Wirkung ebenso ein wie der nervenberuhigende Johanniskrauttee. Wie bei uns war es und ist es weltweit. Die Pharmaindustrie hat längst erkannt, dass hier Ressourcen, vor allem auch der Wälder, genutzt werden können. Auch hier gilt aber, dass mit der Globalisierung nicht ein sinnloser Raubbau verbunden sein darf. Nachhaltige Nutzung und gegebenenfalls Kultivierung von Heilpflanzen aus den Wäldern der Welt ist das Gebot der Vernunft.

Sollen Gedanken um die „Sekundärressourcen" der Wälder der Welt sinnvoll sein, so müssen sie zu Folgerungen führen im Denken und Handeln:

■ Der Wald bot der Menschheit die Möglichkeit, sich zu vermehren und zu entwickeln. Die Menschen nutzten diese Möglichkeit, vergaßen aber oft, dem Wald gegenüber mit Verständnis und Rücksicht zu handeln.

■ Auch in Zukunft wird die Kultivierung von Waldpflanzen zur Ernährung der Menschen und für die Herstellung von Heilmitteln notwendig sein. Der Landwirtschaft kann sich hier weitere Nischen-produktionen eröffnen.

■ Die direkte Nutzung des Waldes, seiner Tier- und Pflanzenwelt ist notwendig und sinnvoll, sollte aber immer und überall dem Prinzip der Nachhaltigkeit folgen.

■ Menschen, die noch heute im und vom Wald leben, bedürfen unserer besonderen Aufmerksamkeit und unseres Schutzes.

■ Das regionale EXPO-Projekt „Weltforum Wald" des Landkreises Soltau-Fallingbostel soll mit all seinen Aktivitäten dazu beitragen, den Menschen in der Region und der Welt diese Gedanken näher zu bringen. Es soll damit dem Wald und all seinen Geschöpfen ebenso dienen wie den Menschen nützen.

Schneverdingen-Wintermoor im Sommer 2000

Prof. Dr. Gottfried Vauk
Sonderbeauftragter des Vereins WaldForum 2000 e.V.

16

Nutzbare Wildarten aus Wald und Heide

Nach wie vor eine große Rolle spielt das Fleisch (Wildbret), das Tiere des Waldes über die Jagd dem Menschen liefern. Ist bei Urwaldvölkern dieser Eiweiß-Lieferant von essentieller Bedeutung, so wurde „Wild" bei uns und in anderen Industrieländern zur Delikatesse. Zu Urzeiten schon war ein erlegtes „Wildschwein" Garant für gute Ernährung der ganzen Familie. Noch in meiner Jugend im hintersten Pommern war Fleisch von Haustieren knapp und rationiert. Ein erbeutetes Reh, ein Stück Rotwild oder ein Wildschwein wurde als festliches Mahl zubereitet und mit Freunden und Verwandten verspeist. Wie beliebt das fettarme, mit natürlicher Nahrung gewachsene Wildbret bei uns heute ist, macht die Tatsache deutlich, dass nur etwa 40% des Bedarfs durch die Jagd in deutschen Revieren gedeckt werden können. Natürlich kann es kaum eine Steigerung dieser Ausbeute geben, da die Jagd in Deutschland nur nachhaltig betrieben wird, d. h., den Wildbeständen kann nur so viel entnommen werden, wie durch natürlichen Nachwuchs erbracht wird, das gleiche Prinzip also, das bei der Holznutzung angewandt wird.

Zum Wildbret (auch Wildpret oder Wildbrät genannt) zählt im engeren Sinne nur das Muskelfleisch. Die Innereien, wie Leber, Nieren und Herz, bleiben in der Regel dem Jäger vorbehalten. Sie gehören zum so genannten „Jägerrecht", d.h. der Erleger, bzw. derjenige, der ein Stück aufbricht, hat das Anrecht auf Leber, Herz, Lunge und Nieren. Diese Organe gelangen mithin normalerweise nicht in den Wildhandel.

Das Wildbretaufkommen in der Bundesrepublik Deutschland wurde für das Jagdjahr 1998 mit folgenden Zahlen angegeben:

Wildart	Stück	ø-Gewicht kg/St.	Gesamtgewicht/kg
a) Haarwild			
Rehwild	880 900	12,5	11 011 250
Schwarzwild	242 800	41,0	9 954 800
Rotwild	47 970	65,0	3 118 050
Damwild	36 070	35,0	1 262 450
Hase	379 200	--	--
Wildkaninchen	252 700	--	--
b) Federwild			
Ringeltaube	--	--	--
Wildente	482 200		

In der Reihenfolge ihrer Verfügbarkeit werden unsere einheimischen Wildtiere in den nachfolgenden Kapiteln vorgestellt.

Die angegebenen Jagdzeiten sind von Bundesland zu Bundesland leicht unterschiedlich geregelt. Die Angaben im Buch beziehen sich auf die Bundesvorgaben (BVO).

Rehwild

„Mutti, schau mal, da steht ein junger Hirsch in der Wiese!" Der kleine Fritz hat nicht so ganz unrecht mit seiner zoologischen Bestimmung des roten Rehes in der grünen Wiese. Zwar ist das Reh nicht das Junge vom Rothirsch, aber ein Hirsch im zoologischen Sinne ist es doch.

Alle Hirscharten haben ein gemeinsames Merkmal: Die männlichen Tiere tragen einen Kopfschmuck: Der Rothirsch ein Geweih, der Rehbock ein Gehörn und der Elch sowie der Damhirsch Schaufeln. Der Kopfschmuck wird während der Rivalenkämpfe als Waffe genutzt. Jeweils im Winterhalbjahr werfen die Hirsche ihren Kopfschmuck ab und bilden dann in wenigen Monaten einen neuen. Der Jäger bezeichnet den Vorgang der Neubildung eines Geweihs, Gehörns oder von Schaufeln als „Schieben". So gesehen ist der Rehbock zwar kein junger Hirsch, aber eben doch eine Hirschart aus der großen weitverbreiteten Gruppe der „Hirsche".

Und in der Tat ist es gar nicht so selten, diesen „kleinen Hirsch" auch nahe von menschlichen Siedlungen beobachten zu können. Aus dem ursprünglich sicher im Wald beheimateten Reh ist eine

Allerwelts-Wildart geworden. So kommt sie in der Region Wald und Heide, wie auch in Feld- und Wiesenregionen vor. Das Reh ist also höchst anpassungsfähig und vermehrungsfreudig. Die Ricke (das Muttertier) bringt im Mai/Juni ein bis drei Kitze zur Welt; kleine Geschöpfe, die in ihrem roten, mit weißen Punkten übersäten Fell und mit ihrer Munterkeit das Herz jedes Menschen erfreuen, der auch nur noch Reste von „Naturgefühl" spürt.

Aber wie es so ist, eine total ungebremste Vermehrung täte weder dem Reh selbst noch dem Wald gut. Zu viele Rehe in einem Lebensraum würde zu Degeneration und Erkrankung des Bestandes führen. Im Wald kommt dazu, dass die Rehe mit Vorliebe die Triebe junger Bäume verbeißen und damit in extremen Fällen die natürliche Verjüngung des Waldes nicht nur bremsen, sondern sogar verhindern können.

Während früher das Rehwild nur wegen seines schmackhaften Fleisches (Wildbret) gejagt wurde, ist die Jägerei heute aufgerufen, den Rehwildbestand auf einer für den Wald verträglichen Höhe zu halten. Während früher diese „Arbeit" von Wolf, Adler, Luchs, Bär und Mensch gemeinsam geleistet wurde, steht der Jäger heute alleine vor dieser Aufgabe. Große Beutegreifer hatten im Gegensatz zu den pflanzenfressenden Wildarten keine Chance, flächendeckend in Mitteleuropa heimisch zu bleiben.

Der Jäger wird sich dieser Aufgabe des „Regulators" gerne annehmen und auch dafür sorgen, dass „Nachhaltigkeit" dabei nicht außer Acht gelassen wird. Das bedeutet nichts anderes, als dass der Bestand in seiner Existenz durch die Jagd nie gefährdet ist.

Wenn nun heute auch das Wildbret nicht mehr die wichtige Rolle für die menschliche Ernährung spielt, wie auf dem Lande noch zu Zeiten unserer Großeltern, so ist ein Rehbraten doch nach wie vor ein hoch willkommener festtäglicher Genuss. Deshalb ist es nicht verwunderlich, dass trotz der gewaltig anmutenden Zahl von 1 034 925 bundesweit im Jahre 1999 erlegten Rehen, der Bedarf an Wildbret nicht gedeckt werden kann. Dennoch wird es den wirklichen Kennern und Könnern auf dem Gebiet der „Wild-Küche" möglich sein, hochwertiges Rehwildbret aus einheimischen Revieren zu ergattern.

Rehwild

Jagdzeiten nach BVO:
Kitze: 1.9. – 28.2.
Schmalrehe: 1.5.–31.1.
Ricken: 1.9. – 31.1.
Böcke: 1.5. – 15.10.

Abhängzeiten:
6 Tage bei 0–3 °C

Tiefkühlhaltbarkeit:
12 Monate bei – 18 °C

Gunther und Hagen die Recken wohlgestalt
beschlossen mit Untreuen ein Pirschen in den Wald
mit ihren scharfen Geren sie wollten jagen Schwein'
Bären und Wisente was konnte Kühners sein?
Mit ihnen ritt auch Siegfried ehrlich in seinem Sinn.
[…]

Aus dem Nibelungenlied 1150–1200
Aus der „Aventiure" wie Sifrit erslagen wart

Das Schwarzwild

Schon Asterix und Obelix wussten es zu schätzen

Im Allgemeinen Umgang ist das Schwarzwild, wie es der Jäger nennt, wohl eher unter dem Begriff „Wildschwein" bekannt. Wie beim Rotwild die Bezeichnung auf die im Sommer rote Haardecke dieser Wildart zurückgeht, so bezieht sich der Name Schwarzwild auf die mehr oder minder schwarze Bartenhaarung der Wildschweine. Nur die Frischlinge (Jungtiere) tragen in den ersten Monaten ein braun-gelb-längsgestreiftes Haarkleid. Diese lustig anmutende Färbung erweist sich beim ruhigen Liegen im sonnig-schattigen Unterholz als hervorragende Tarnung.

In mancherlei Hinsicht ist das Schwarzwild etwas Besonderes. So ist es nicht nur Urahn aller Hausschweine dieser Welt, sondern auch mit hoher Anpassungsfähigkeit und mit hoher Vermehrungsfreude ausgestattet. Als Allesfresser entdeckte das Schwarzwild sehr schnell, dass der Ackerbau des Menschen vom wildreifen Hafer über Kartoffeln und Mais wohlschmeckend und mit weniger Mühe zu finden ist als Wurzeln, Würmer und Käfer im Waldboden wühlend zu suchen. Diese Vorliebe für Ackerfrüchte trug dem Wildschwein zu allen Zeiten die Feindschaft der Landwirte ein, die ihrerseits wiederum die Jäger um Hilfe anriefen. Aber so einfach ist die Sache nicht. Obwohl sich die schwarzen Rotten sogar bis in die Vorgärten von Städten wagen, sind sie andererseits äußerst gewitzt und vorsichtig. Gelingt dem eifrigen Jäger dennoch der eine oder andere glückliche Schuss, so wird dieser Verlust durch eine hohe Nachwuchsrate schnell ausgeglichen. So bringt eine Bache (weibliches Wildschwein) bereits im ersten Lebensjahr 3 bis 10 Frischlinge zur Welt. Ganz ungefährlich ist die Jagd auf Wildschweine auch heute noch nicht. Bachen verteidigen ihre Jungen mit unglaublichem Elan und Todesmut und ein angeschossenes Wildschwein kann im gegebenen Fall ein schrecklicher Gegner sein. So ist es zwar keine alltägliche Sache, dass Hunde und Jäger im hautnahen Kontakt mit Wildschweinen schweren Schaden nehmen. Schwarzwild ist und bleibt aber ein wehrhaftes Wild, das schon seit Urzeiten seine Fährten in unseren Wäldern zieht.

So ist ein Wildschweinbraten auch in dieser Hinsicht etwas Besonderes und schmeckte und schmeckt nicht nur Obelix und seinen Kampfgefährten gut. Das Wildbret ist im Gegensatz zum Fleisch des Hausschweines fettarm, leicht verdaulich und ein hervorragender Eiweißspender.

Schwarzwild

Jagdzeiten nach BVO:
Frischling: ganzjährig
Überläufer: ganzjährig
Bachen: 16.6. – 31.1.
Keiler: 16.6. – 31.1.

Rauschzeit:
November und Dezember

Abhängzeiten:
gut abhängen lassen:
max. 8 Tage in der Schwarte bei 0 – 3 °C

Tiefkühlhaltbarkeit:
6 Monate bei –18 °C

Rotwild

Der Rothirsch ist die größte einheimische Säugetierart – der König der Reviere. Der Name Rotwild leitet sich von dem roten Haarkleid ab. Typisch für alle Hirscharten ist der jährliche Geweihwechsel. Im Frühjahr werfen die Rothirsche ihr altes, d. h. vorjähriges Geweih ab und beginnen mit dem „Schieben" des neuen Geweihs, das zunächst in einer durchbluteten „Bast"-Hülle steckt. Nach dem „Fegen" dieser Basthülle, etwa im Juli eines jeden Jahres, ist das neue Geweih gebildet.

Der alte Monatsname Hornung für Februar weist noch auf die Tatsache hin, dass der Februar der Monat ist, in dem der Rothirsch sein altes Geweih abwirft.

Das Rotwild lebt in Rudeln, die aus Hirschen oder weiblichen und jungen Tieren bestehen. Während der Brunftzeit im September/ Oktober bilden sich gemischte Rudel, die von einem älteren „Platzhirsch" beherrscht werden. Im Mai/Juni werden die Kälber gesetzt.

Rotwild kommt in der Bundesrepublik Deutschland in lückenhafter Verbreitung vor. Das größte zusammenhängende Siedlungsgebiet erstreckt sich von Deutschland nach Osten bis Polen und zum Balkan. Nach Bayern ist Niedersachsen das Bundesland mit der größten Rotwildpopulation. Um höheren Schäden durch Verbiss von Jungbäumen, Sträuchern und Bäumen für den Wald in hinnehmbaren Grenzen zu halten, ist eine Regulierung der Bestände durch jagdliche Eingriffe zwingend geboten. In Niedersachsen wurden im Jagdjahr 1998/99 (1. April 1998 bis 31. März 1999) 6 315 Stück Rotwild geschossen.

Trotz einer Zahl von 49 735 erlegten Stücken Rotwild bundesweit deckt das Wildbret nicht den Bedarf. So kommen neben dem aus heimischen Revieren stammenden Wildbret auch Rotwild-Importe vor allem aus Osteuropa in den Handel.

Zu beachten ist, dass frisches, d. h. maximal zwei Tage altes Wildbret nur in der Jagdzeit für Rotwild, von August bis Januar zu bekommen ist.

Rotwild

Jagdzeiten nach BVO:
Kälber: 1.8.–28.2.
Schmaltiere: 1.6.–31.1.
Alttiere: 1.8.–31.1.
Hirsche: 1.8.–31.1.
Schmalspießer:
1.6.–28.2.

Brunft:
Ende September bis Mitte Oktober

Abhängzeiten:
gut abhängen lassen:
6 Tage bei 0–3 °C

Tiefkühlhaltbarkeit:
12 Monate bei –18 °C

Damwild

Die Krönung aller Gourmets

Jäger, Gelehrte und Naturschützer streiten immer wieder einmal darum, ob das Damwild zu den ursprünglich in Deutschland beheimateten Wildarten zu zählen ist. Dieser Streit ist müßig, weil einerseits seit Jahrmillionen die Tierwelt Mitteleuropas in stetigem Wandel begriffen ist, ganz unabhängig, ob der Mensch existierte und mehr oder weniger Einfluss nahm, oder von den Veränderungen selbst betroffen war.

Was das Damwild betrifft, steht folgendes fest: Funde belegen, dass Damwild bereits vor 30 000 Jahren im heutigen Deutschland lebte. Eiszeiten und in deren Folge Landschafts- und Klimaveränderungen haben das Damwild dann verschwinden lassen. In den ersten Jahrhunderten unserer Zeitrechnung ist festzustellen, dass die Römer das Damwild nach England brachten. Die Römer wussten, was gut schmeckt! Und das Damwild hielt sich in England gut.

Wie es damals so ging: 1577 schenkte der König von Dänemark dem Landgrafen von Hessen 30 Stück Damwild, die zunächst in einem

Gatter landeten und sich bald in freier Wildbahn ausbreiteten. Dieser ersten Einbürgerung folgten viele andere. So ist klar festzustellen: Das Damwild ist in Deutschland und in weiten Teilen Europas heimisch und nicht als „Fremdling" anzusehen.

Immerhin weist das Damwild Besonderheiten auf, die bei Reh und Hirsch nicht zu beobachten sind. So können innerhalb eines Rudels dieser Hirschart die verschiedensten Farbvariationen vertreten sein. Zwar kann man auch beim Rehwild dann und wann schwarze Stücke sehen, und weiße „Rot"-Hirsche gibt es auch. Beim Damwild aber gibt es neben den normal gefärbten roten Decken (Fell) mit weißen Punkten auch schwarze, dunkelrote und weiße Exemplare. Außerdem hat das Damwild einen deutlich erkennbaren Wedel (Schwanz, Fliegenwedel), den es bei Erregung aufstellt, ein Attribut, das Reh- und Rotwild nicht aufweisen kann. Typisch sind auch hohe Bocksprünge eines fliehenden Damwildrudels. Ab dem 2. Jahr trägt der Damhirsch ein Geweih, das sich zu einer breiten Schaufel ausbildet, ganz anders als das Gehörn beim Rehbock und das Geweih beim Rothisch.

Die Strecke, d. h. die in Deutschland geschossenen Stücke Damwild, betrug im Jahre 1980 insgesamt 17 041, mittlerweile stieg sie auf 39 243 (1998/99) an. Die Tendenz des zum Abschuss freigegebenen Damwildes ist steigend. Auch dies ist ein Zeichen dafür, dass diese Hirschart sich in der deutschen Wildbahn außerordentlich wohl fühlt und von der Jägerschaft pfleglich bejagt wird.

Wie gesagt, die alten Römer wussten, was gut schmeckt, und in der Tat ist ein Damwildbraten für viele Gourmets auch heute noch die Krönung aller Gerichte, die aus einem Wildbret zubereitet werden können.

So ist es nicht verwunderlich, dass im Handel nur sehr selten dieses Wildbret angeboten wird. Wenn einem also der Sinn nach einem solchen Gaumenschmaus steht, heißt es, direkte Verbindung aufzunehmen zum Jäger, Förster oder Wildhändler.

Damwild

Jagdzeiten nach BVO:
Kälber: 1.9. – 28.2..
Schmaltiere: 1.7. – 31.1.
Alttiere: 1.9.–31.1.
Hirsche: 1.9.–31.1.
Schmalspießer: 1.7.–28.2.

Brunft:
Oktober und November

Abhängzeiten:
gut abhängen lassen: 6 Tage bei 0–3 °C

Tiefkühlhaltbarkeit:
12 Monate bei –18 °C

Der Hase – Feld- oder Waldhase?

Nach wie vor ist der Name „Feldhase" für unseren Hasen die in der Zoologie korrekte Bezeichnung, und das mit gutem Grund. Zum einen gibt es von „Hasen" in Europa, Asien und Afrika eine ganze Reihe. Zum anderen konnte der Feldhase in Europa erst Fuß fassen, nachdem sich die Waldlandschaft in weiten Bereichen zu einer Ackersteppe umwandelte. Aus den offenen Weiten des Ostens kommend, fand der Feldhase nun auch bei uns eine ihm zusagende Landschaftsstruktur mit offenen Flächen und reichlich Pflanzennahrung vor. So gab es besonders in den durch Getreide- und Hackfruchtanbau geprägten Gegenden denn auch reichlich Feldhasen. Meist auf großen Treibjagden wurden sie geschossen und landeten in nicht geringer Zahl bei den Wildhändlern und auf den Märkten der Städte, im Herbst und Winter – vor allem auch als Weihnachtsbraten – für jedermann erreichbar.

Im Zuge der Einwanderung des Hasen bei uns muss es unter ihnen immer schon Individualisten gegeben haben, die in den Wald gingen und dort lieber lebten. Der Jäger des Waldes kennt sie, seine „Waldhasen", die dort anscheinend ihr gutes Auskommen finden und ungestört von landwirtschaftlichen Aktivitäten leben. Und dann gibt es auch noch die „Heidehasen". Ihr prominentester Vertreter ist sicher der alte Heidehase „Mümmelmann", dem der Heidedichter Löns mit seiner gleichnamigen Tiergeschichte ein Denkmal setzte. Eine Geschichte, die übrigens viel von Land und Leuten und den Tieren in der Heide zu berichten weiß. „In der Lüneburger Heide, dem wunderschönen Land …".

Feld- u. Waldhase

Jagdzeiten nach BVO:
1.10. – 15.1.

Abhängzeiten:
gut abhängen lassen:
6 Tage bei 0 – 3 °C

Tiefkühlhaltbarkeit:
8 Monate bei −18 °C

Wie lebt und liebt der Hase?

Seit alters her ist der Hase, bevor das Kaninchen ihm in dieser Hinsicht den Rang ablief, ein Symbol für Leben, Liebe, Fruchtbarkeit. Besonders im „Oster-hasen" manifestieren sich diese Eigenschaften. Schon im Februar, mit den ersten wärmenden Sonnenstrahlen, beginnt die „Rammelzeit" bzw. „Hochzeit" der Hasen. Meist folgen mehrere konkurrierende Rammler der Häsin, um in der Verfolgungsjagd plötzlich innezuhalten und sich wahrhaftig zu backpfeifen. Auf ihre Hinterläufe (Hinterbeine) aufgerichtet, hauen sie sich die Vorderpfoten um die Ohren, dass die Fellflocken nur so fliegen. Obwohl ich es schon sehr oft beobachten konnte, muss ich bei diesem Anblick doch immer wieder herzlich lachen. Die Fellflocken zeigen dem Jäger übrigens an, dass „seine" Hasen auch in diesem Frühjahr um die Erhaltung ihrer Art bemüht sind.

So genannte „Märzhasen" sind das Ergebnis dieser Bemühungen. Oft sind die Junghäschen allerdings zu dieser Jahreszeit den Witterungsunbilden nicht gewachsen. Da sich der ganze Vorgang aber bis in den Spätsommer wiederholt, ist in der Regel für Nachwuchs gesorgt.

Zwar kann der Hase von allem leben, was sein Lebensraum an Pflanzen, Kräutern und Sträuchern bietet. Dabei bleibt er aber doch ein Feinschmecker. So gedeiht er auch am besten dort, wo ihn eine in Sommer und Winter reichhaltige Pflanzenwelt umgibt. Leider ist die heutige Feldflur durch die moderne Landwirtschaft eher dürftig mit Wildkräutern besetzt. Diese Rest-Flora ist zudem meist recht eintönig. So wird der Wald immer mehr zum geeigneten Rückzugsgebiet, das offensichtlich immer stärker von Hasen genutzt wird.

Kann man noch einen Hasen für die Küche bekommen?

So, wie es früher einmal war, ist es sicher nicht mehr. Große Treibjagden mit einer Vielzahl erlegter Hasen sind heute in kaum einer Gegend noch sinnvoll und lohnend. Den einen oder anderen Wald- und Heidehasen kann man auch als verantwortungsbewusster Jäger noch für sich oder seine Freunde erlegen. In meiner etwa 300 Hektar großen Feld-Waldjagd schieße ich im Herbst bei stillem Ansitz, also in einer Deckung auf Wild wartend, höchstens sechs Hasen. Das reicht dann einerseits für einen Weihnachtsbraten unterm eigenen Tannenbaum, und zudem kann ich noch ein paar guten Freunden, die

sich rechtzeitig bei mir melden, eine Weihnachtsfreude bereiten.

Ein solcher Eingriff wird den Hasen in meinem Revier nicht aussterben lassen und mir mit gutem Gewissen eine Nutzung der natürlichen Ressource Hase erlauben. Für den Hasen-Interessenten heißt dies jedoch, dass er sich möglichst frühzeitig mit einem Jäger oder Förster in Verbindung setzen muss, wenn er einen Weihnachtshasen für das Festessen auf den Tisch bringen will.

Optische Unterscheidung von Wildkaninchen und Hase:

Wildkaninchen und Hase werden oft verwechselt. Dabei unterscheiden sie sich deutlich in Größe, Fellfarbe und Ohrenlänge. Der Hase ist der Größere von beiden. Er ist rötlichbraun eingefärbt, das Fell des Kaninchens dagegen eher gräulich.

Das Wildkaninchen

Fremd oder einheimisch?

Die Begriffe „ursprünglich hier beheimatet" und „unerwünschter Fremdling" werden gerade von Naturschützern oft sehr unreflektiert benutzt. Vor – aus menschlicher Sicht – langer, langer Zeit waren auch das Wollnashorn, der Höhlenbär und der Säbelzahntiger in unseren Breiten zu Hause. Die Natur ließ sie auf Nimmerwiedersehen verschwinden, und das ganz ohne Zutun des Menschen. Der ständige Wandel ist das Prinzip der Natur im kosmischen Bereich ebenso wie auf dieser kleinen Erde. Genau wie alle anderen Lebewesen sind wir im natürlichen Ablauf Handelnde und Behandelte, ökologisches Subjekt und Objekt zugleich. Allerdings haben wir dank unserer geistigen Fähigkeiten (Hirnfunktionen) die einzigartige Möglichkeit, die unabdingbare Nutzung der Natur im positiven oder negativen Sinne zu steuern.

So ist denn auch die Diskussion, ob das Wildkaninchen zur ursprünglich einheimischen Fauna gehörte oder nicht, unnötig. Fest steht, dass Wildkaninchen vor einer Million (!) Jahren in Mitteleuropa

Wildkaninchen
Jagdzeiten nach BVO: ganzjährig
Abhängzeiten: nicht abhängen
Tiefkühlhaltbarkeit: 8 Monate bei −18 °C

zu Hause waren. Im Diluvium, der großen Eiszeit, musste es verschwinden und konnte diese Periode nur auf der spanischen Halbinsel überstehen. Für die weitere Verbreitung waren dann wieder einmal die Römer verantwortlich. Weil ihnen die Kaninchen eben besonders gut schmeckten, sorgten sie von ihrer spanischen Kolonie aus für die Verbreitung des Kaninchens in alle Himmelsrichtungen. Langsam aber sicher besiedelten die Kaninchen dann ganz Mitteleuropa, mit Ausnahme der Hochgebirge. Ganz interessant mag sein, dass auch die Klöster und deren Bewohner zur Verbreitung der Kaninchen beitrugen. Als Feinschmecker, sowohl bei Speisen als auch Getränken, waren die Mönche über die verordnete lange Fastenzeit gar nicht glücklich. Immer nur vegetarische Kost und Fisch, wenn es ihn denn gab, das war nicht ihre Sache. So wurde denn der Biber wegen seines Lebens im Wasser und wegen seines „schuppigen" Schwanzes kurzerhand zum Fisch erklärt. Ebenso nicht als Fleisch eingestuft wurden die nackt und blind geborenen jungen Kaninchen. Über den Geschmack lässt sich nicht streiten.

Rezepte über die Zubereitung dieser „Leckerei" sind meines Wissens nicht überliefert. In den Klostergärten wurden jedenfalls ausbruchsichere Kaninchengehege, so genannte „Cunicularien" eingerichtet, um stets an diese „Fastenspeise" heranzukommen. Möglicherweise wurde die Domestikation des anpassungsfähigen Kaninchens auf diese Weise ebenfalls gefördert. Jedenfalls sind die Wildkaninchen die Stammform der so zahlreichen und vielfältigen Kaninchenrassen auf der Welt.

Wie und wo leben sie?

Die Ausbreitungsgeschichte dieser Wildart zeigt schon, dass Art und Beschaffenheit des Lebensraumes sehr unterschiedlich sein können. So gibt es in Deutschland Wildkaninchen auf den Nordseeinseln ebenso wie an den Küsten und im Binnenland bis zu den Mittelgebirgen. Zwei Grundvoraussetzungen müssen allerdings vorhanden sein: ausreichend Nahrung von Pflanzen aller Art und die Möglichkeit, Höhlen zu graben oder vorhandene Höhlen zu nutzen. So stehen den Kaninchen auf der Felseninsel Helgoland ausreichend Höhlen zwischen Felsbrocken und den Trümmern alter Bunker zur Verfügung. Dass Kaninchen durch ihre sprichwörtliche Massenvermehrung zum Problem werden können, ist nicht neu. Das bekannteste Beispiel ist Australien, wo einige ausgesetzte Kaninchen zur Landplage wurden und trotz aller Anstrengungen bisher nicht wieder augerottet werden konnten. Nachdem diese schmackhaften Tierchen, auf einer Insel ausgesetzt, alles kahl efressen hatten, schafften sie es sogar, sich von angespültem Seetang zu ernähren.

Trotz gewisser äußerlicher Ähnlichkeit sind Wildkaninchen mit dem Hasen nicht näher verwandt. Dies wird z. B. beim Fortpflanzungsverhalten deutlich: Während zwei bis drei junge Hasen oberirdisch und voll ausgebildet, bewegungsfähig, mit vollem Haarkleid gesetzt (geboren) werden, setzt die Kaninchenhäsin (weibliches Kaninchen) ihre bis zu 10 Jungen unterirdisch in Höhlen, die von der Mutter mit eigenen ausgerupften Haaren ausgepolstert sind. Kaninchenjunge sind blind und nackt und erst nach etlichen Wochen in der Lage, auch oberirdisch zurechtzukommen. Die männlichen Teile der Familie werden vom Jäger sowohl beim Hasen als auch beim Wildkaninchen als „Rammler" bezeichnet und diese Bezeichnung entspricht durchaus dem Ablauf ihres schnellen Geschlechtsaktes. Die Rammler kümmern sich nach der vollzogenen Hochzeit weder um Mütter noch Kinder.

Aus dem Gesagten wird klar, dass Wildkaninchen zwar nicht nur in Wald und Heide leben, diese Lebensräume aber durchaus auch besiedeln. Die Heide bietet dem Niederwild aufgrund ihrer überschaubar flachen Landschaft eine gute Feindwahrnehmung, zudem ist der leicht zu „bearbeitende" Heidboden unter Wildkaninchen sehr beliebt. Beim Wald sind es besonders die durchsonnten Schonungen und Waldränder, die den Wildkaninchen zusagen.

Der „graue Flitzer"

„Graue Flitzer" nennen die Jäger gern die Wildkaninchen. Der Ausdruck zeigt bereits, dass es schon eines guten Schusses bedarf, um ein flitzendes Kaninchen zu treffen. Die Reaktionsgeschwindigkeit und Schnelligkeit werden besonders deutlich, wenn man sieht, wie eine ganze Kaninchen-Kolonie auf das warnende Bodenklopfen der Hinterläufe des wachhabenden Rammlers reagieren, indem sie mit unglaublicher Schnelligkeit in den Bauen verschwinden. Ebenso erstaunlich ist es zu sehen, wie Kaninchen, von zahmen Frettchen (einer domestizierten Iltisart) verfolgt aus dem Bau geschossen kommen und den wartenden Jäger oft ganz schön alt aussehen lassen.

Diese hohe Anfangsgeschwindigkeit wird durch eine sehr helle Muskulatur ermöglicht, die dem Geflügelfleisch sehr ähnlich ist. Auf der langen Strecke ist das Kaninchen dagegen einem ausdauernden Jagdhund sehr bald unterlegen.

Wie komme ich an Wildkaninchen für unsere Küche?

Leider muss ich Ihnen hier einige Wermutstropfen in den Wein gießen, den Sie für Ihr Kaninchen-Festmahl servieren wollten. In Niedersachsen erreichte die Zahl der erlegten Wildkaninchen im Jagdjahr

1990/91 die Rekordhöhe von 228 891 Tieren. Bis zum Jagdjahr 1999/2000 sank diese Zahl auf 40 991 ab. Dies ist die Folge einer heimtückischen Virus-Infektion, der so genannten „China-Seuche", die in ganzen Landstrichen, u.a. auch die Lüneburger Heide, die Kaninchen ausgerottet hat. Relativ gut sind die Bestände noch in der Umgebung von größeren menschlichen Siedlungen, warum auch immer. Fragen Sie also nach bei „Ihrem" Jäger, bevor Sie Vorbereitungen für ein Kaninchenmenü treffen, und hoffen wir, dass die „grauen Flitzer" die Seuche überstehen und zur Bereicherung unserer Küche aus der „Speisekammer Wald und Heide" beitragen können.

Die Ringeltaube

Kräftigend und lecker

Ringeltaube

Jagdzeiten nach BVO:
1.7. – 30.4.

Abhängzeiten:
nicht abhängen,
nach Erlegen sofort
Kopf entfernen

Tiefkühlhaltbarkeit:
8 Monate bei −18 °C

Es gibt eine ganze Reihe guter Gründe, diese Wildtaube in ein Kochbuch aufzunehmen, das sich ansonsten mit den „großen Tieren" unserer Wälder beschäftigt:

Die Ringetaube ist jagdbar, d. h., sie darf geschossen und genutzt werden, und das überdies noch mit gutem Gewissen, da sie sich sehr zahlreich vermehrt und sich den neuen Gegebenheiten in unserer Landschaft hervorragend angepasst hat. So hat sie es verstanden, sich den Maisanbau zunutze zu machen und sucht bis zum Winter auf den Maisstoppeln erfolgreich nach den zahlreichen dort liegenden Maiskörnern. Überdies wurde sie im Laufe des vergangenen Jahrhunderts vom scheuen Waldvogel zum Allerweltvogel, der überall brütet, wo auch nur ein paar Bäume stehen. So besiedelt diese Taubenart Parks und Gärten in den Städten ebenso wie jedes Dorf, in dem ausreichend Bäume stehen.

Menschen und Autoverkehr stören sie dabei ebenso wenig wie Flugzeuge oder Straßenlaternen. Neben der Nahrung aus der Natur, wie Grünpflanzen und Samen aller Art, ist die von Menschen angebotene Nahrung (Futterplätze für Stadttauben, Winterfütterung der Vögel) begehrt. Ein unschätzbarer Vorteil für die Ringeltaube ist es sicher auch, dass der Habicht, ihr Hauptfeind, sich nur selten in der Nähe des Menschen ansiedelt. In manchen Gegenden tritt sie zeitweise in großen Scharen auf und kann dann in der Landwirtschaft erheblichen Schaden anrichten. Das alles erlaubt eine Nutzung des Ringeltauben-Überschusses, ganz im Gegensatz zum Rebhuhn, das zumindest bei uns zurzeit nicht bejagt werden sollte.

In der Küche ist die Ringeltaube – was selbst viele Jäger nicht wissen – ein vollwertiges Wild, bringt doch eine gut ernährte Ringeltaube küchenfertig bis zu 500 g auf die Waage. Aus eigener Erfahrung weiß ich, dass Suppe und Braten aus Ringeltauben ebenso gut schmeckt (mir persönlich sogar besser) als Ente, Rebhuhn oder Fasan.

In meiner Heimat Hinterpommern wurden der Taubenbrühe sogar besondere Kräfte zugesprochen. Im Dorf war es üblich, dass Frauen im Wochenbett von den jeweils nächstliegenden Nachbarinnen versorgt wurden. Wenn meine Mutter diese Pflicht im Herbst (Ringeltauben haben Jagdzeit von September bis März) zu übernehmen hatte, war ich mit meiner Passion und meinem Können bei der Taubenjagd schon als Junge gefragt: „Sieh zu, dass du zwei Ringeltauben bekommst, Frau Krause liegt in den Wochen und muss aufgepäppelt werden", höre ich noch die Worte meiner Mutter im Ohr. Und wie stolz war ich, wenn ich die Tauben bekam und dann später die Taubenbrühe mit Fleisch- und Nudeleinlage zu Frau Krause bringen durfte und dort gelobt wurde, dass es mir nur so glatt runterging.

Die Stockente

Alles „Wildente" oder was?

Wenn Sie, liebe Köchin, lieber Koch, von keiner Ahnung getrübt zu einem Jäger oder Förster kommen und um ein, zwei „Wildenten" für eine Festmahl bitten, so kann es Ihnen passieren, dass dieser Jäger bzw. Förster – vorausgesetzt er hat ein gutes Wildenten-Revier zu betreuen – ein vielfältiges Angebot macht: „Wie hätten Sie' s denn gerne? Sollen es kleine, zierliche Vögel sein, drei Stück für eine Portion? Dann empfehle ich Ihnen Krickenten! Oder hätten Sie's gerne etwas „herber" im Geschmack? Dann wären vielleicht Reiherenten das Richtige! Oder lieber ganz normal, schön gemästet und ansehnlich von der Größe her? Stockenten wären dann die richtige Wahl!" Da stehen Sie nun und ahnen wohl „Wildenten" gibt es vielerlei Arten. Und in der Tat, in Deutschland kommen allein 16 Arten vor, die als Brutvögel oder rastend, durchziehend, überwinternd vorkommen, seltene Arten nicht gerechnet.

Stockente

Jagdzeiten nach BVO:
1.9. – 15.1.

Abhängzeiten:
nicht abhängen,
sofort ausnehmen

Tiefkühlhaltbarkeit:
4 Monate bei −18 °C

Schwimmenten

Da gibt es „Schwimmenten", die ihre Nahrung „gründelnd" nach dem Motto „Köpfchen unter Wasser, Schwänzchen in die Höh'" vom Gewässergrund aufnehmen. Zu ihnen gehört die Stockente.

Tauchenten

Die „Tauchenten" tauchen bis zum Grund tiefer Gewässer, hierzu gehört z. B. die Reiherente.

Meerenten

Und dann gibt es auch noch die „Meerenten", die an der Küste brüten und rasten. Die Eiderente, die mit den tollen Daunen, gehört dazu, die sich fast ausschließlich von Miesmuscheln ernährt.

Eine Vielzahl an Enten

Sie können das jetzt entweder alles wieder vergessen oder sich, wenn es Sie interessiert, ein Vogelbestimmungsbuch kaufen und mit einem Fernglas bewaffnet auf Beobachtungstour gehen. So mancher angehende Jägersmann oder angehende Jägersfrau hat sich bei der Jägerprüfung an den Enten schon die Zähne ausgebissen – im übertragenen Sinne, versteht sich. Kennen muss er sie trotzdem alle, denn eine ganze Reihe darf nicht gejagt werden, sie haben ganzjährig Schonzeit.

Für Sie und Ihre Küche und Gäste genügt es allerdings, wenn Sie sich die Stockente als die Küchen-Ente merken.

Die Stockente, ein Wald- und Heidevogel?

„Speisekammer Wald und Heide", kommt die Stockente aus dieser Speisekammer? Nein, ein typischer Wald- oder gar Heidevogel wie Schwarzspecht, Ringeltaube oder Heidelerche ist sie sicher nicht. Und doch kommt sie in beiden Landschaftstypen vor, manches Mal sogar häufig und ständig. Es genügt ihr, wenn sie stehende, auch kleinere oder fließende Gewässer hat, auf denen sie in Sicherheit den Tag schlafend oder nahrungsuchend zubringen kann. Zur eigentlichen Nahrungsuche fliegt sie abends, wenn es sich lohnt sogar weite Strecken. Gewässer dieser Art sind in vielen Wäldern und auch in der Heide, vor allem die künstlich angelegten Fischteiche, zu finden. So ist die Stockente denn also auch ein „Wald- und Heidevogel".

An den Bächen, Teichen und Seen findet sie auch Brutplätze, die schon früh im Jahr aufgesucht werden und durchaus auch weitere Strecken vom

Wasser entfernt liegen können. Ja sogar in genügend großen Baumhöhlen kann sie ihre Gelege ausbrüten und es ist schon ein lustiger Anblick, wenn die kleinen gelb-schwarzen puscheligen Jungen ohne sich die Knochen zu brechen auf den Boden springen. Dort werden sie von der Mutter in Empfang genommen und zum Wasser geführt.

Woher kommen sie, wohin gehen sie?

Zwar kann man bei uns ganzjährig Stockenten beobachten, vorausgesetzt es ist nicht alles was Wasser ist zu Eis gefroren. Die gleichen Enten müssen das aber nicht immer sein. Die Stockente zieht sozusagen mit dem einziehenden Winter langsam ab, oder aber eben auch nicht. Große Scharen im Norden und Nordosten beheimateter Vögel bevölkern dann etwa ab Oktober zusätzlich unsere Gewässer. Beobachtungen und Beringungen, die wir vor vielen Jahren als Studenten in Kiel machten, zeigten wie wanderfreudig und anpassungsfähig Stockenten sind. Wenn rundum alles Wasser schon zu Eis erstarrt war, blieben die Teiche in der Stadt aufgrund der „Stadtwärme" offen und wurden von zahlreichen Stockenten und Blässhühnern bevölkert. Diese Enten schienen fast  handzahm und ließen sich von Besuchern füttern. Ideale Winterbedingungen also: warmes Wasser, kein Fuchs und kein Habicht und nette, fürsorgliche Menschen. In den Sommermonaten waren diese Enten dann weitgehend verschwunden. Wir fragten uns, wohin eigentlich?

Der Fang und die Beringung dieser Winterenten im Auftrag der Vogelwarte Helgoland war für uns nicht sonderlich schwierig. Die Ergebnisse waren dann erstaunlich. Es zeigte sich, dass diese „zahmen" Stadtenten zum Teil Brutvögel in den weit entfernten Gegenden Nord- und Osteuropas waren und dort sicher nicht mit Menschen so engen Umgang pflegten.

Was macht sie so schmackhaft?

Grundsätzlich kann man vielleicht sagen: sage mir was Du frisst und ich sage Dir wie Du schmeckst! Seehundspeck schmeckt bei der vielen Fischnahrung, die ein Seehund zu sich nimmt, sicher recht tranig. Den Eskimos schmeckt er trotzdem. Unser Geschmack ist da mehr auf Fleisch-Nahrung geprägt, die von Pflanzenfressern und/oder Allesfressern stammt. Zu Letzterem gehört das Wildschwein und eben auch die Stockente. Eigene Untersuchungen (Kempken, Prüter, Vauk, Viße: Magenuntersuchungen an Stockenten aus niedersächsischen Revieren. Seevögel 1990, 11/3: 47-51) ergaben, dass die Stockenten alles an Sämereien und kleinen Tieren fraßen, was in das Wasser fällt oder in ihm lebt. Eine „Entdeckung" der Stockenten macht sie aber besonders schmackhaft und für die Küche interessant. Sie fanden nämlich heraus, dass die Getreidefelder der Landwirte reichlich schmackhafte Körner-Nahrung liefern. So fallen sie denn abends im Schwarm auf die noch nicht abgeernteten Felder (was erheblichen Schaden verursachen kann) oder auf die Stoppelfelder ein. Durch diese kalorienhaltige Nahrung betreiben sie also sozusagen eine „Selbstmast", für sie selbst als Wintervorsorge, für den Menschen eine gute Küchenvoraussetzung.

Die Stockente, Stammmutter aller Hausenten

Wenn man sich einmal ansieht, welche Tierarten zu Haustieren wurden, so zeichnen sie sich alle, Stockente, Graugans, Wildschwein, durch gleiche Eigenschaften aus: große Anpassungsfähigkeit, erfinderische Fähigkeit beim Auffinden ergiebiger und schmackhafter Nahrung, ausgeprägtes Fressbedürfnis, Erkennen des Menschen als Feind oder (vermeintlicher) als Nahrung spendender Freund. So wurde die Stockente irgendwann, wahrscheinlich gleichzeitig an verschiedenen Orten ihres großen Verbreitungsgebietes vom Menschen domestiziert und genutzt. Sie wurde damit zur Stammmutter aller Hausenten, von der Peking- bis zur Zwergente, von der Indischen Laufente bis zur Pommern-Ente.

Ab in die Küche, aber bitte zur richtigen Jahreszeit!

Ein Regulativ ist hier natürlich die gesetzliche Jagdzeit für die Stockente (allgemein 1. September bis 15 Januar). Für die Küche ist dies allerdings kein Maßstab. Wenn ich vor dem 20. September oder im Dezember/Januar bei meiner Mutter mit Stockenten angekommen wäre, hätte sie mich rausgeworfen. Vor dem 20. September sind die Enten noch in der Mauser (Wechsel des Federkleides) und die nachwachsenden kleinen Federn machen das Rupfen zur Qual. Überdies sehen die fertigen Enten aus wie schlecht rasiert. Ab Dezember haben sie dann ihren „Winterspeck" schon teilweise abgebaut und geben keinen mehr so leckeren Braten ab. Also heißt es ab Ende September bis Anfang November auf die Suche nach

leckeren Küchenenten zu gehen, was dann bei guten Jägern auch erfolgversprechend ist.

Übrigens, niemand muss befürchten, dass die Stockente durch vernünftige Bejagung in ihrem Bestand gefährdet werden könnte. Dafür sorgt u.a. ihre große Vermehrungsrate und die nachhaltige nur den Überschuss abschöpfende Jagd. So wurde im Jagdjahr 1998/1999 (April 1998 bis März 1999) in Niedersachsen die gewaltige Anzahl von 109 271 Wildenten (davon etwa 90 % Stockenten) geschossen. Da sollte schon die eine oder andere Stockente für Ihr Festmahl dabei sein.

Tipp: Ein Küchentipp von einem alten Praktiker zum Schluss: Wenn Sie gut „gemästete" Stockenten braten und reichlich Bratenfett anfällt, das der Soße nicht bekommt, dann werfen Sie dieses Fett nicht weg! Füllen Sie es ab, mischen Sie etwas Schweineschmalz dazu, damit es streichfähig und nicht flüssig bleibt, würzen Sie es nach Geschmack mit Thymian und Majoran. Sie haben damit einen Brötchenaufstrich, der die ganze Familie am Frühstückstisch in Begeisterung versetzen wird.

Essbare Früchte und Beeren aus Wald und Heide

Sie kommen alle aus dem Wald

Können Sie sich ein gutes und genussvolles Essen ohne Apfel und Birne, Blaubeere, Himbeere, Preiselbeere, Brombeere, Stachelbeere, Johannisbeere, Erdbeere, Pflaume und Kirsche vorstellen? Ich nicht! Denkt man ein bisschen über die Köstlichkeiten nach, stellt man fest, dass noch heute viele davon direkt aus der „Speisekammer Wald" geholt werden können. Ich denke an die im Geschmack unnachahmlichen Walderdbeeren, wilden Brombeeren oder Blau- und Preiselbeeren. Sehr früh müssen aber unsere Ur-Vorfahren, die sich mühsam vom Jagen und Sammeln ernährten, gemerkt haben, dass diese Methode der Ernährung nur für eine sehr begrenzte Anzahl an Menschen genug erbrachte, um den Magen aller ausreichend zu füllen.

Irgendwann begann man also, den Apfel- und Birnbaum aus dem Wald zu holen und aus den (nach unserem heutigen Geschmack ungenießbaren) Wildfrüchten Bäume zu züchten, deren Früchte einem süß und saftig „ins Maul" wuchsen. So wurde auch aus unserer Walderdbeere die weltweit verbreitete süße Erdbeere. Zwar kann man an eini-

gen gesegneten Flecken Europas (besonders im Osten und Norden) noch reichlich Wildbeeren im Wald sammeln, bei uns allerdings ist das kaum noch möglich, allenfalls hier und dort reicht es noch zum Naschen vor Ort.

Da fallen mir allerdings drei Früchte und eine Gewürzbeere ein, die in „Wald und Heide" noch verbreitet und häufig zu finden sind: die Vogelbeere, die leuchtend rote Frucht der Eberesche im Herbst, die Hagebutte an herbstlichen Heckenrosenbüschen sowie die Holunderbeere, die in Norddeutschland als „Fliederbeere" bezeichnet wird. Als Gewürz finden sich die Beeren des Wacholders in unseren Wäldern, die getrocknet vielen Menüs die richtige geschmackliche Note verleihen.

Für den häuslichen Gebrauch sind wir weitgehend auf Früchte angewiesen, die uns aus Gärten oder aus speziell auf Beeren- und Obstproduktionen eingestellten Betrieben in die Küche kommen. Die Bäume der „Obstwälder" des Alten Landes zum Beispiel stammen von Wildbäumen ab, und mit einiger Phantasie schmeckt man den „Waldgeschmack" diesen Früchten auch noch an. Seien wir dem Wald also dankbar, dass er uns aus seinem Fundus so reichlich bedacht hat. Übrigens hätte man es heute schon schwer, noch Wildobstbäume zu finden. Sie sind sehr selten geworden in unseren Wäldern, und nicht ohne Bedacht wurde die Wildbirne 1998 zum „Baum des Jahres" erklärt.

Beeren schmecken um so besser, wenn man sie zuvor gemeinschaft-
lich in Feld und Flur gesammelt hat. *Aber Achtung: In vielen Naturschutzgebieten ist es mittlerweile verboten, Beeren zu pflücken!!*

Blaubeere, Heidelbeere oder Bickbeere

Dieses Heidekrautgewächs kommt
in Europa und Asien vor. Die bis zu
50 cm hohen Sträucher blühen von
April bis Juni im Wald und auf der
Heide. Aus den kleinen grünen bis
rötlichen Blüten entwickeln sich
die herabhängenden tiefdunkel-
blauen Beeren, die von Juli bis
August reif sind. Blaubeeren zählen
zu den schmackhaftesten und
beliebtesten Wildfrüchten. Sie sind
in der Küche vielfältig einsetzbar:
Ob roh oder mit Zucker und Sahne, ob als Suppe, Kompott, Konfitüre
oder auch im Kuchen – die etwas herben Früchtchen veredeln jedes
Gericht. Durch ihren blauen Farbstoff zaubern sie herrlich blaue Zun-
gen ...

Brombeere

Brombeeren gehören zur selben Familie wie Him- und Erdbeere. Es
gibt unzählige Unterarten. Die Bee-
ren wachsen an dornigen Büschen,
die bis zu 5 m hoch werden können. Die Sträucher, die in Wäldern,
Gebüschen, Hecken und Lich-
tungen wachsen, blühen von Mai
bis August. Die glänzend schwarzen Früchte sind im Frühherbst
reif. Brombeeren sind äußerst
leicht verderbliche Beeren. Deshalb
sollte man sie morgens frisch vom
Strauch pflücken, da sie sich dann

länger halten und auch süßer schmecken. Da sie dann kein Sonnenlicht
mehr vertragen und sich auch nicht lange bei Zimmertemperatur aufbewahren lassen, werden sie am besten umgehend in der Küche verwertet. Im Kühlschrank halten sie sich höchstens ein paar Tage. Die
Brombeere liefert erfrischende Säfte, Gelees, Wein, Marmelade u.v.a.

Eberesche oder Vogelbeere

Die Eberesche wächst als Strand- oder Baum und kann bis zu 20 m hoch werden. Ebereschen sind in Wäldern und Hecken weit verbreitet. Von Mai bis Juni findet man die cremefarbenen Blütenschaumkronen vor. Die scharlachroten Beerentrauben können im Herbst geerntet werden. Es dürfen nur die vollreifen Früchte gepflückt werden. Die sauer und bitter

schmeckenden Früchte eignen sich zur Verarbeitung in Kompott, Suppen und Marmelade. Das köstliche Ebereschen-Gelee erinnert an Marmelade und passt hervorragend zu Wildbret.

Hagebutte

Zu unterscheiden ist die Kleine und die Große Hagebutte. Während die kleine Variante von den Hecken und Weinrosen stammt, erzeugt die Kartoffelrose die größeren Hagebutten. Beiden Arten ist gemeinsam, dass ihre reifen Früchte rot leuchten.

Der dornige Kartoffelrosenstrauch wird bis zu 2 Meter groß und blüht von Juni bis August an vielen Straßen, Wegen und in Parks. Ihre *Großen Hagebutten* besitzen sehr viel Fruchtfleisch und eignen sich sehr gut für Kompott, Suppen und Marmelade. Der dornige Strauch der Hunds- bzw. Heckenrose wird bis zu 3 Meter hoch und blüht im Juni in Hecken und an Wald- und Wegrändern. Die *Kleinen Hagebutten* sind zwar nicht so ergiebig wie die Großen, sie sind aber viel verbreiteter.

Für den rohen Genuss müssen die Hagebutten am Strauch ausgereift sein. Wenn man sie in der Küche weiterverarbeiten möchte, dann müssen sie geerntet werden, wenn sie noch nicht vollkommen weich und matschig sind. Vor der Weiterverarbeitung sind stets die Samen und Härchen gründlich zu entfernen. Dazu werden die Hagebutten mit einem scharfen Messer halbiert. Die Samen können mit einer runden Messerspitze oder einem kleinen Löffelchen aus den Fruchthälften herausgeschaufelt werden. Hagebutten enthalten besonders viel Vitamin C.

Holunder oder Fliederbeeren

Die cremefarbenen Blüten des süß duftenden Schwarzen Holunders sind im Juni an Hecken, Waldrändern und an menschlichen Behausungen überall vorzufinden. Die Sträucher oder Bäume werden bis zu 7 Meter hoch. Die kleinen dunkellila-/schwarz-glänzenden Beeren werden nur im vollreifen Zustand, wenn sie tiefschwarz sind, geerntet.

Seit der Steinzeit ist der Holunder erwiesenermaßen die beliebteste Heilpflanze in der Volksmedizin, wobei viele abergläubische Vorstellungen zu seiner Beliebtheit beigetragen haben. So soll der Saft eine gute Medizin gegen Erkältungen aller Art sein. Noch heute gilt: Niemand darf ohne Grund einen Holunder fällen!

Schwarze Holunderbeeren sind eine Köstlichkeit in Suppen, Soßen, Mus, Marmelade, Gelee, Obstkuchen u. v. m.

Johannisbeere

Es gibt zwei Arten Johannisbeersträucher: Die Roten und Schwarzen Johannisbeeren. Zu ihrer Familie gehört auch die Grüne Stachelbeere. Beide Arten der Johannisbeerbüsche werden bis zu 1 Meter groß. An langen Rispen hängen die kleinen Beeren in Trauben herab. Sie sind äußerst reich an Vitamin C. Die Sommerfrüchtchen werden nach dem Waschen am besten und schnellsten mit einer Gabel von den Stielen gestreift.

Die durchsichtigen roten Beeren sind als Tafelobst fast zu sauer. Trotzdem werden sie oft frisch gegessen oder im Obstsalat verwendet, noch häufiger zu Sirup eingekocht oder zu Wein verarbeitet. *Rote Johannis-*

beeren gehören in jede rote Grütze und schmecken vorzüglich zu Pudding. Daneben gibt es noch viele andere Verwendungsmöglichkeiten: Johannisbeergelee und -konfitüre passt u. a. hervorragend zu Wildgerichten.

Die süßen *Schwarzen Johannisbeeren*, deren Beeren eigentlich eine tief-dunkelrote Farbe besitzen, sind frisch oder als Geschmacksstoff in anderen Gerichten äußerst delikat. Als Dessert, verarbeitet zu Konfitüre, Likören oder Weinen werden sie gerne genutzt.

Zur Herstellung von Konfitüren sollten am besten nicht ganz reife Früchte verwendet werden. Da Johannisbeeren zu wenig Eigensaft enthalten, muss ihnen beim Einkochen Fremdflüssigkeit (Wasser oder Saft) zugegeben werden.

Kronsbeere oder Preiselbeere

Die Kronsbeere wird auch Preiselbeere genannt. Die immergrünen Preiselbeersträucher erreichen lediglich eine Höhe von 20 cm. Als Heidekrautgewächs wachsen sie in lichten Wäldern und Hochmooren und blühen von Mai bis August. Bemerkenswert ist, dass sie zweimal jährlich ihre weißen oder rosaroten Blüten bekommen. Im Frühsommer folgen die kleinen roten runden Beeren, deren Trauben über den ganzen Sommer hin bis Ende Oktober geerntet werden können.

Die zahlreichen kleinen Kerne sind essbar und werden nicht entfernt.

Die roten Beeren sind für den puren Genuss zu sauer. Gekocht schmecken sie hervorragend. Die eingekochten Beeren werden für Gelees, Törtchen, Kuchen und als Beilage zu vielen Gerichten verwendet. Preiselbeermus gehört traditionell zu Wildgerichten.

Schlehe

Schlehen sind die Früchte des Schleh- oder Schwarzdorns, eines kleinen dornigen Strauches, der bis zu 3 Meter hoch werden kann. Ihn findet man an Waldrändern, in Hecken und Gebüschen. Er steht im April in Blüte. Die kleinen ovalen dunkelblauen Schlehen zählen zu den kleinwüchsigen Pflaumen. Die vollreifen Früchte erntet man am Morgen nach Nachtfrösten. Sonst sollte man sie über Nacht in das Frostfach des Kühlschranks stellen, damit sie „milder" werden. Ihr herber, bitterer Geschmack passt hervorragend zu Wildgerichten. Sie werden zu Gelee, Konfitüre, Kompott oder Saft verarbeitet.

Walderdbeere

Die 30 cm breiten Büsche tragen Miniatur-Kulturerdbeeren. Die Wilderdbeeren sind jedoch sehr viel saftiger und aromatischer als die Kulturerdbeere. Die Staudenfrüchte sind sehr empfindlich und sollten möglichst nicht lange transportiert und gelagert, sondern gleich verwendet werden. Zudem sollten sie nicht zu lange in Wasser gereinigt werden, da sie das Wasser schnell  aufnehmen und dann ein verwässertes Aroma erhalten.

Wie die Kulturerdbeeren sind auch die Wald- bzw. Wilderdbeeren vielfältig einzusetzen. Pur mit Zucker oder zu Joghurt, Quark, Eiskrem, Schlagsahne, in Obstsalat oder zu Marmelade lassen sie sich hervorragend genießen.

Waldhimbeere

Die Früchte der dornigen Strauch- und Kletterpflanzen gelten als eine der feinsten Früchte des Waldes. Da die konisch geformten, dünnhäutigen Beeren besonders empfindlich sind, sind sie weniger verbreitet. Waldhimbeeren sind überwiegend rot. Sie werden gern roh gegessen, zu Saft verarbeitet oder zu Marmelade geliert.

Essbare Pilze aus Wald und Heide

Neben der Bedeutung von Pilzen als Zersetzer von abgestorbenen Pflanzenteilen, die damit dem Stoffkreislauf wieder zugeführt werden, sind vor allen die Pilze wichtig, die in enger Lebensgemeinschaft mit anderen Pflanzen leben. Diese Pilze hüllen mit ihren Pilzfäden die Wurzelfäden der Wirtspflanze ein und erleichtern oder ermöglichen ihr damit überhaupt die Aufnahme von Nährstoffen und Wasser. Als Gegenleistung profitiert der Pilz vom Saft seiner Wirtspflanze. Stirbt der Wald, sterben auch die Pilze – und umgekehrt, denn die oft hoch spezialisierten Pilze können nur in Gemeinschaft mit einer ganz bestimmten Baumart leben. Saurer Regen und Überdüngung des Bodens aus der Luft schädigen vor allem auch die Wurzelpilze (Mykorrhiza-Pilze, wie z.B. Steinpilz, Maronenpilz oder Pfifferling). Wer schon seit Jahrzehnten Pilze als willkommene Delikatesse zum eigenen Gebrauch sammelt, weiß, dass an Standorten, an denen vor Jahren noch eine gute Mahlzeit schnell gesammelt war, heute oft kaum noch oder keine Pilze mehr zu finden sind. Es ist daher zu recht das Sammeln von Pilzen in Naturschutzgebieten generell verboten.

In Deutschland kommen über 3 000 Pilzarten vor, von denen
23 verschollen oder ausgestorben,
81 von Aussterben bedroht,
194 stark gefährdet,
245 gefährdet und 185 von Natur aus selten sind.

Als Hauptursache der Gefährdung sind zu nennen:
- Schadstoffeintrag aus der Luft (z.B. Schwefeloxide, Schwermetalle, Bodenversauerung)
- Nährstoffanreicherung, auch Eutrophierung genannt, entsteht durch Überdüngung und Stickoxide aus der Luft
- Grundwasserabsenkung
- Verschmutzung der Gewässer
- Einsatz von Fungiziden, den pilztötenden Chemikalien, die in der Landwirtschaft zum Einsatz kommen
- Beseitigung von Kleinlebewesen, wie z. B. Hecken und Wegrändern
- Beseitigung von Totholz
- Kahlschlagwirtschaft
- falsches und übermäßiges Pilzsammeln

Welche Freude war es für uns Kinder, wenn wir im Spätsommer und Herbst mit Körben und kleinen Messern in den Wald zogen, um in Einsamkeit und Stille Pilze zu suchen. Zu jener Zeit gab es im Wald noch viele Pilze und wenige Menschen. Das richtige Sammeln, mal ganz abgesehen vom richtigen Verhalten im Wald, war uns Kindern von Vater und Mutter schon früh beigebracht worden:

1. Nur Pilze sammeln, die man gut kennt und die den Speisezettel auf unkomplizierte Weise schmackhaft bereichern. In unseren Regionen sind vor allem
   a) **Röhrenpilze**, wie Steinpilz, Birkenpilz und Marone
   b) **Lamellenpilz**, wie der Pfifferling
   c) die **Krause Glucke**
als Speisepilze anzutreffen und gut von anderen Pilzen zu unterscheiden.

2. Pilze sollten niemals mit der Stielbasis ausgerissen, sondern durch Abdrehen oder Abschneiden geerntet werden. Zur weiteren Fortentwicklung des unterirdischen Pilzgeflechts (Myzel) ist es vorteilhaft, wenn die Bodenwunden mit Humus, Bodenstreu oder Laub abgedeckt werden. Nur so wird der Pilz nicht ein für alle Mal vernichtet!

3. Die gesammelten Pilze am besten in luftigen Körben – *nie in Plastiktüten* – transportieren. Pilzfleisch enthält viel Wasser, das unter Luftabschluss „schwitzt" und den Pilz matschig werden lässt.

4. Bevor man zum Pilze sammeln zieht, den Wald kennen lernen, in dem man nach den Köstlichkeiten suchen will. Das Sammeln von Pilzen für den eigenen Verbrauch ist weder verboten noch reglementiert. Lediglich in Naturschutzgebieten ist das Sammeln nicht erlaubt!

Darüber hinaus ist eine vorherige Kontaktaufnahme mit dem zuständigen Förster und/oder dem Waldbesitzer sinnvoll. In Kärnten, Tirol und Vorarlberg, sowie in der Schweiz ist das Pilze sammeln gesetzlich geregelt. Hier gibt es vorgeschriebene Schon- und Sammelzeiten für Pilze.

5. Die beste Jahreszeit zum Pilze suchen ist Ende August bis Anfang Oktober. Der erste Nachtfrost zerstört den oberirdisch wachsenden Pilz. Eine Ausnahme von dieser Regel bilden die typischen Winterpilze.

Die beste Tageszeit ist der Vormittag, zwei Stunden nach Sonnenaufgang, bis zum Einsetzen der Mittagshitze.

Besonders geeignet sind Sonnentage, die schwül-feuchter Witterung folgen, dem besten Wetter fürs Pilzwachstum.

6. Bevor man sich mit dem Sammeln von Pilzen beschäftigt, ist es sinnvoll, sich theoretisch mit den Pilzen des Waldes zu beschäftigen. Gute Pilzbücher sind in jeder guten Buchhandlung zu finden. Neben hervorragenden Fotos sollten die Beschreibungen verständlich sein. Wichtig ist auch ein eindeutiger und offensichtlicher Hinweis, ob ein Pilz giftig oder essbar ist.

7. Giftpilze sind farblich, geschmacklich oder geruchlich nicht von bekömmlichen Speisepilzen zu unterscheiden. Es gibt bisher noch kein eindeutiges und zuverlässiges Mittel, das Gift- und Speisepilze unterscheiden kann. Weder blau anlaufendes Pilzfleisch, noch ein schwarz anlaufender Silberlöffel, den man mit den Pilzen mitkocht, sind eindeutige Belege für Un- oder Bedenklichkeit.

8. Grundsätzlich sollte man zum Pilze sammeln ein Bestimmungsbuch mitnehmen.

Zubereitung von Pilzen

Pilze sollten grundsätzlich nie roh verzehrt werden. Trotzdem bekommt man oft auch in guten Restaurants Salate mit appetitlich ausschauenden rohen Pilzscheiben serviert. Zumeist handelt es sich dabei jedoch um Zuchtpilze. Im Übermaß sollten rohe Pilze allerdings nicht verspeist werden.

Trocknen oder Einlegen von Pilzen will gelernt sein

Das Dörren von gereinigten, ungewaschenen (!) Pilzen erfolgt am besten auf einem gerahmten Gazestoff oder in dem sie mit einer Nadel auf eine Schnur gezogen werden. Bei leichter Wärme – niemals bei feuchtem Wetter – werden die Pilze an frischer Luft innerhalb von zwei Tagen, im Herd noch rascher, stocktrocken. Dann gehören sie in luftdicht verschlossene Behältnisse, die den Namen der Pilzart und das Datum tragen. Getrocknete Pilze sind nämlich nicht mehr zu unterscheiden.

Tipp: Die zermahlene getrocknete Röhrenschicht von Röhrlingen ergibt ein hoch aromatisches Pilzpulver zum Würzen.

Birkenpilz oder Kapuzinerröhrling?

Dieser wild wachsende Röhrenpilz ist leicht zu erkennen. Seinen Namen trägt er, weil er von *Juni bis Oktober* unter Birken wächst und dort oft in großer Zahl auftritt. Aber auch in Wäldern und auf Heiden ist er teilweise anzutreffen. Sein Hut / Schirm wird bis 18 cm breit und variiert in der Farbe zwischen rot- und graubraun. Der bis zu 15 cm lange Stiel erinnert in seiner grau-weißlichen Farbe mit den grau-braunen bzw. hellgrauen Schuppen an den Stamm einer älteren Birke. Beim Sammeln sollte man den jungen Pilzen den Vorzug geben. Bei hoher Luftfeuchtigkeit wird der Birkenpilz zäh und schmierig. Er sollte deshalb nur bei trockenem Wetter gesammelt werden. Das Pilzfleisch erhält bei Beschädigungen hellgraue Stellen, die nicht als Giftmerkmal zu werten sind.

Der Birkenpilz hat einen angenehmen Geschmack und lässt sich vielfältig einsetzen. Er eignet sich sehr gut zum Schmoren und Braten. In der Pfanne wird er grauschwarz. In Mischpilzgerichten und in Suppen kommt er oft vor.

Krause Glucke,
Blumenkohlpilz oder Fette Henne

Wer von *August bis November* an oder unter Nadelhölzern einen kopf-
großen und blassgelben Blumenkohl gefunden zu haben glaubt, ist
wahrscheinlich eher auf einen unserer größten und imposantesten
Speisepilze gestoßen: die Krause Glucke. Sie wird 5 bis 20 cm hoch
und 6 bis 30 (!) cm breit. Mit diesen Ausmaßen erreicht er ein Gewicht
von bis zu 5 kg. Ab und zu trifft man auf Exemplare, die noch viel
größer sind.

Der Pilz wächst aus einer tief in der
Erde liegenden Kiefernwurzel nach oben,
und ist in zahlreiche flachgedrückte
sowie gekräuselte Äste unterteilt. Bräun-
lich verfärbt sollte die Glucke stehen
gelassen werden.

Krause Glucken fühlen sich wachsartig-
fleischig an und verbreiten einen würzigen Geruch. Ihr nussiger Geschmack
verleiht Soßen und Suppen eine ker-
nige Note. Sie lassen sich hervorragend Schmoren. Oft wird behauptet,
dass von einem einzigen ausgewachse-
nen Pilz vier erwachsene Personen satt
werden können.

Pilzsuppe von Krauser Glucke

Zubereitung:
① Die Glucke, die Petersilie und die Zwiebel klein schneiden, vermischen und mit Pfeffer und Salz würzen.
② Alles im heißen Öl 5 Min. lang schmoren.
③ Danach mit der Fleischbrühe auffüllen und 20 Min. ziehen lassen.
④ Anschließend wird die Pilzsuppe gebunden. Kenner binden sie mit
   Sahne und Eigelb. Eine Mehlschwitze verändert den Eigengeschmack.

Zutaten:
(Mengen für 1 l Suppe)
300 g klein geschnit-
   tenes Gluckenfleisch
etwas Öl
etwas Butter
etwas Pfeffer
etwas Salz
Petersilie
1 fein gehackte Zwiebel
1 l Fleischbrühe
ggf. Sahne und Ei
   zum Binden

Maronenröhrling oder Maronenpilz

Der Maronenröhrling ist der kleine Vetter des Steinpilzes. Der kasta-
nienbraune Hut des beliebten Speisepilzes wird bis zu 12 cm breit.
Seine Röhren sind von gelb-grüner Farbe. Druckstellen verfärben sich

blau-grün. Dies ist jedoch kein bedenkliches Warnsignal. Sein Stiel kann bis zu 10 cm hoch und bauchig werden, ist jedoch nie benetzt wie beim Steinpilz. Die kleinen Exemplare sind den großen vorzuziehen, denn die hohen sind oft holzig. In feuchten Lagen ist die Marone – wie der Pilz kurz auch genannt wird – etwas schleimig anzufassen.

Der Maronenpilz mag sandige Standorte in Nadelwäldern, insbesondere in Kiefernbeständen ist er oft einzeln oder in Gruppen anzutreffen. Aber auch an vermodernden Baumstümpfen findet man ihn. In guten Jahren kommt er von *Juni bis Oktober* in großen Mengen vor.

Der angenehm nussige Speisepilz entspricht geschmacklich weitestgehend dem Steinpilz. Maronenröhrlinge lassen sich in der Küche vielfältig zubereiten. So z.B. als Gemüse gedünstet oder als Geschmacksverfeinerung in Suppen, Soßen und Gulasch. Der Maronenpilz eignet sich nicht zum Dörren.

Parasolpilz, Schirmling, oder Riesen-Schirmpilz

Der Parasolpilz ist mit einer Höhe von bis zu 40 cm unser größter einheimischer Speisepilz. Da sein Hut eine Spannweite von bis zu 30 cm erreichen kann, wird er auch als Sonnenschirm bezeichnet. Der ungewöhnliche Pilz ist gesellig, man findet ihn von *Juli bis Oktober* an Waldrändern, auf Waldlichtungen und grasigen Hängen. Vor allem die jungen Exemplare gelten als ausgesprochene Delikatesse.

In der Küche ist lediglich der Hut verwendbar. Er schmeckt saftig und leicht nussig-süß. Sein typischer Waldgeschmack erinnert an Wildfleisch.

Die einfachste und schnellste Zubereitungsvariante besteht darin, den ungewaschenen (!) Hut wie ein

Schnitzel in der Pfanne zu braten. Dazu wird er zuvor mit Salz und Pfeffer bestreut, in Mehl gewendet oder mit Ei und Brotbröseln paniert.

Ausruf des alten, verwöhnten Römers Martial: „Leicht ist es, auf Silber und Gold zu verzichten und auf die Freuden der Liebe, doch ein solches Pilzgericht stehen zu lassen, ist schwer!"

Pfifferlinge oder Eierschwamm

Der Pfifferling gilt als der Speisepilz schlechthin und ist wohl auch der bekannteste und beliebteste. So verwundert es nicht, das für diesen Pilz viele Namen im Umlauf sind, wie z. B. Dotterpilz, Eierpilz, Geelchen oder Galuschel.

Der 3 bis 5 cm breite und bis zu 6 cm hohe dotter-bräunlich-gelbe Pilz kommt vorwiegend in Laub- und Nadelwäldern von *Juni bis November* vor. In dunklen Laubwäldern ist er oft nur blassgelb bis weißlich, erreicht hier jedoch eine beachtliche Größe. Pfifferlinge lassen sich (noch) nicht züchten. Wildwachsend sind sie mittlerweile rar geworden, denn vor allem die jungen Pilze sind unter Sammlern heiß begehrt.

Die in Körben oder Schalen verpackten Pfifferlinge, die man käuflich erwerben kann, enthalten oft recht unterschiedlich gefärbte Exemplare. Solche Unterschiede gelten unter Feinschmeckern als mindere Qualität, da die Pilze je nach Standort nicht nur unterschiedlich gefärbt sind, sondern auch unterschiedliche Aromen besitzen.

Der kalorienarme Pfifferling besitzt nur geringe Nährwerte und ist (mit Haut) schwer verdaulich. Roh ist er ungenießbar. Er muss stets zunächst gut gewaschen und dann kurz angebraten werden, bevor er weiterverarbeitet oder gegessen wird. Aber sein mild pfeffriger Geschmack ist unübertroffen. Er fehlt fast nie in Wildsoßen, vor allem bei Schalenwildbraten ist er unentbehrlich. Darüber hinaus hat er aus küchenverwerterischer Sicht einige weitere Vorzüge: Er bleibt lange frisch, lässt sich einlegen und bis zu 10 Monate einfrieren. Wenn er trocken in Küchenpapier oder ein Tuch eingeschlagen wird, überstehen Pfifferlinge sogar ein paar Tage unbeschadet im Kühlschrank. Will man seine Ernte einfrieren, dann sollten die Pilze roh blanchiert oder gedünstet werden, bevor man sie schockgefriert.

Tipp: Einfrieren von Pfifferlingen
① Festfleischige Pilze wie z. B. der Pfifferling, werden zerkleinert, weiche werden ganz belassen.
② Dann müssen die Pilze 5 Minuten in kochendem Wasser blanchiert werden. Es ist wichtig, dass sie nicht in kaltem Wasser aufgesetzt werden!
③ Anschließend füllt man sie in Gefrierbeutel ab und lagert sie bei – 18 °C in der Kühltruhe.

Wer blanchierte Pilze bis zu einem Jahr einfrieren möchte, der gibt dem Wasser je Liter noch 20 g Salz und 10 g Zitronensäure hinzu. Damit wird verhindert, dass sich das Pilzfleisch dunkel verfärbt und beugt einem bitteren Geschmack vor.

Auftauen von Pfifferlingen

Die eingelegten Pilze sollten im Warmen auftauen und unverzüglich weiterverarbeitet werden.

Steinpilz oder Herrenpilz

Der Steinpilz zählt mit seiner einprägsamen Gestalt zu den bekanntesten heimischen Pilzen. Er gehört zu den edelsten und wertvollsten Röhrenpilzen. Diese Art der Röhrlinge besitzt je nach Alter einen hell- bis dunkelbraunen, bis zu 20 cm breiten Hut. Ihr Stiel ist dick und knollenförmig und wirkt tatsächlich wie ein unförmiger Stein. Ältere Pilze erhalten einen eher kerzenfömigen 3 bis 4 cm dicken und bis zu 15 cm hohen Stiel, der netzähnlich gezeichnet ist.

Diesen Speisepilz findet man von *Juli bis Oktober* vor allem an Wald- und Wegrändern, aber auch in Laub- und Nadelwäldern vor. Vor allem Steinpilze aus Eichenwäldern gelten als besonders aromatisch. Da diese Pilzsorte gerne von Maden befallen wird, ist besondere Sorgfalt geboten. Oft sind die kleinen Mitbewohner äußerlich nicht sichtbar. Bei hoher Luftfeuchtigkeit fühlen sich die Hüte schmierig an.

Junge Steinpilze besitzen ein festes Fleisch. Mit der Zeit wird es schwammiger. Sie haben einen leichten Butter- und Nuss-Geschmack.

Sie werden ungewaschen (!) verwertet und sind in der Küche äußerst vielseitig verwendbar. Ob in Salaten, Suppen oder Soßen oder als Beilage zu Wildgerichten, sie veredeln jedes Gericht. Steinpilze eignen sich hervorragend zum Braten und Schmoren.

Eingefroren halten sie ein Jahr. Dazu werden sie am besten trocken schockgefroren. Sollen sie weiter verwertet werden, dann reicht es, wenn sie nur leicht angetaut sind.

Der Wald – Urheimat der Biene

Baumhöhlen boten einst dem Bienenvolk die natürliche Behausung und die reiche Blütenflora der heimischen Mischwälder und ihres Unterwuchses waren ihre sichere Nahrungsgrundlage.

Aus ersten primitiven Formen des Raubbaues an wilden Bienenvölkern entwickelte sich die eigentliche Waldbienenhaltung, bei der die Pflege der Völker in den Vordergrund rückte: Die Honigentnahme wurde soweit begrenzt, dass die Überlebensfähigkeit der Bienenvölker gewährleistet blieb.

Darüber hinaus wurde durch die Bereitstellung geeigneter Nisthöhlen die Vermehrung der Bienenbestände gefördert. Während der klassische „Zeidler" mit seinen Gerätschaften zu den Bienen auf die Bäume stieg, holte der spätere Waldimker die Nisthöhlen zur bequemeren Nutzung auf den Erdboden herunter. Mehr und mehr wurden dann die Nisthöhlen als so genannte Klotzbeuten oder Klotzstülper künstlich hergestellt und bis heute zu den modernen Bienenstöcken weiterentwickelt.

Waldhonig – ein einzigartiges Naturprodukt

In früheren Jahren schuf die extensive Landwirtschaft mit blühenden Wiesen, Weiden, Brachlandflächen und Wegrändern, ihrem vielfältigen Sortiment angebauter Pflanzen und die Wildflora der Äcker einen idealen Lebensraum für Bienen. Die Imker verließen mit ihren Völkern den Schutz des Waldes und wanderten zu diesen neuen, ergiebigen Futterquellen.

Aber in den letzten Jahren hat sich das Blatt gewendet: In unserer intensiv bearbeiteten Landschaft, die von riesigen Monokulturen geprägt wird, haben Bienen keine dauerhafte Existenzgrundlage mehr. In dieser Situation erinnern sich die Imker wieder an die Vorzüge des Waldes. Der Prozess des Umdenkens wird durch den Wandel in der Forstwirtschaft hin zu weniger Monokulturen und mehr natürlichen Mischwäldern unterstützt.

Unseren heimischen Waldhonig erkennt man an seiner braunen Farbe, dem würzigen, malzartigen Aroma und der zähflüssigen Konsistenz. Dieser Honigtau-Honig von Nadel- und Laubbäumen ist besonders reich an Enzymen und besitzt ein charakteristisches Zuckerspektrum, das ihn eindeutig von Blütenhonigen unterscheidet.

Auch die Heide bietet den Bienen seit Jahrhunderten eine reiche Pracht. Der „Heidehonig" ist eine regionale Spezialität, die an Wohlgeschmack kaum zu überbieten ist.

Beschaffung, Verwertung und Vermarktung von Wildbret

Entfremdung von der Natur

Die Jagd und alles was damit zusammenhängt, ist in früheren Zeiten ein wichtiger Bestandteil des Alltags gewesen, insbesondere bei der ländlichen Bevölkerung hat die Jagd eine große Rolle bei der Beschaffung von Nahrung gespielt. Die Menschen haben im Einklang mit der Natur gelebt und die Wildtiere soweit wie möglich „verwertet". Mit zunehmender Industrialisierung hat sich der Mensch von der Natur entfremdet und damit auch von der Jagd und dem Sammeln der Naturprodukte. Heute kennen sich immer weniger Menschen mit den bei uns beheimateten Wildtieren und den in den heimischen Wäldern und Wiesen vorzufindenden Früchten aus. Diejenigen, die ein Interesse an dieser Materie entwickeln und darin vielleicht auch durch das vorliegende Buch animiert werden, bekommen – oft zum ersten Mal – ein erlegtes Wildtier, wie z.B. einen Damhirsch, ein Reh, ein Wildschwein oder meinetwegen auch eine Stockente auf den Küchentisch. Dann stehen sie am Anfang eines natürlichen Vorgangs und erleben die Nahrungszubereitung von Grund auf selber mit.

Um zu überleben muss der Mensch töten – verantwortungsbewusst ist er, wenn er dabei die Nachhaltigkeit beachtet

Die Zubereitung von frischen, direkt vom Erzeuger bezogenen Nahrungsmitteln, konfrontiert uns mit einer Tatsache, die wir heute oft gar zu gerne verdrängen: Der Mensch ist dazu verurteilt, jeden Tag Leben zu töten, um selbst leben zu können.

An diesem Fakt lässt sich nichts ändern, solange Menschen auf dieser Erde leben. Wir unterscheiden uns dabei grundsätzlich nicht von anderen Säugetieren. Unser Gefühl und unser Verstand geben uns lediglich die Möglichkeit, mit dieser Notwendigkeit umzugehen. Beide tragen uns auf, den Tieren und Pflanzen gegenüber verantwortungsbewusst zu handeln. In der Bibel finden sich dazu folgende Worte:

„Der Gerechte erbarmt sich seines Viehs,
der Böse aber lässt es darben."

Das gilt in gleicher Weise für Haus- und Wildtiere genauso wie für Wild- und Kulturpflanzen. In Anbetracht dieser Ausführungen wird die nachhaltige Nutzung eigentlich zu einer Selbstverständlichkeit. Man kann nur soviel nutzen, wie die Natur uns nachwachsend Jahr um Jahr zukommen lässt. Handeln wir nicht nachhaltig, würden wir uns sehr bald den Ast absägen, auf dem wir sitzen.

Ahnungslose Auftragsmörder

In unserer industriell geprägten Gesellschaft gibt es nur noch einen winzigen Prozentsatz an Menschen, die von ihren Lebensumständen her gezwungen sind, Leben eigenhändig zu töten, um das eigene Leben zu fristen. Der weitaus größere Teil der Gesellschaft lässt heute töten und weiß vom Brot, vom Huhn, vom Hasen oder Reh so gut wie nichts mehr. Für diese Menschen kommt alles aus dem Regal oder säuberlich portioniert aus den Kühltruhen der Läden und Kaufhäusern. Nicht nur Köche, Küchenmeister, Jäger und Förster sollten von den wirklichen Zusammenhängen in der Natur wissen und mit Bewusstsein und Dankbarkeit Speisen aus der Natur zubereiten und servieren. Die Kenntnisse über die Herkunft unserer natürlichen Nahrung muss wieder Allgemeingut werden.

Was genutzt wird bleibt erhalten

Die in Deutschland gesetzlich geregelte nachhaltig betriebene Jagd liefert sorgsam behandeltes Wildbret, gesunde, mineralstoff- und vitaminhaltige Nahrung. Dadurch erhalten Sie und Ihre Gäste die Gelegenheit zu erleben, was die Natur vor unserer Haustür auch heute noch zu bieten hat.

Wenn dann das Essen mit Feld- und Gartenfrüchten angereichert wird, haben Sie, liebe Hobby- und Profiköche, Naturliebhaber und interessierte Leser, die Chance, etwas ganz Besonderes daraus zu machen. Denn auch heute noch beschenkt uns die Natur so üppig, dass wir ihre Früchte mit Freude genießen dürfen. Es ist sogar so, dass vor allem die nachhaltig genutzten und damit auch gepflegten und gehegten Naturgüter erst vor dem Aussterben bewahrt werden.

Naturprodukte als Fest für Leib und Seele

Die Erde ist kein Paradies und wird auch nie eines werden, wenn auch in uns allen die Sehnsucht nach dem Paradies, dem „Schlaraffenland", lebt und von allen Religionen der Welt auf die ein oder andere Art in einer ungewissen Zukunft beschrieben wird. Ein gewaltiger Schritt hin zum Paradies auf Erden würde uns gelingen, wenn wir mit den Früchten der Natur nachhaltig und im Bewusstsein umgehen würden, dass uns die „gebratenen Tauben" nicht einfach so in den Mund fliegen. Nur wer sich auf die Ursprünge unserer Nahrung besinnt, verliert nicht den Boden unter den Füßen. Insbesondere die in der Gastronomie Arbeitenden, aber auch alle Privatleute, die Gäste an ihre Tafel bitten, sollten die Zubereitung und den gemeinschaftlichen Verzehr unserer natürlichen Ressourcen beherrschen und das dadurch entstandene gute Essen und Trinken als Fest für Leib und Seele zelebrieren.

Woher nehmen und nicht wildern?

Tipps für die Beschaffung bzw. den Einkauf
von gutem Wildbret

Der Wildbretkonsum ist heute dank der Tiefkühlung nicht mehr saisonabhängig, sodas ganzjährig eine breite Angebotspalette zur Verfügung steht. Trotzdem zieht der Wildhandel besonders im Herbst und in der Vorweihnachtszeit an. Wildbret wird von vielen Konsumenten dann bevorzugt, wenn das heimische Wildbret auch „geerntet" wird. Dann kommt es jedoch meist zu Engpässen von frischem Wild. Frischfleisch ist auf dem Wildmarkt Mangelware. In Kühlhäusern und -kammern lässt sich mit Wildfleisch jedoch eine – wenn auch zeitlich begrenzte – Lagerhaltung betreiben. Abgehangenes und gut durchgekühltes Wildfleisch hat eine mindestens ebenso gute Qualität wie frisch erlegte Stücke. In einer handelsüblichen Haushaltsgefriertruhe finden leicht acht bis zehn ausgebeinte und portionierte Rehe Platz! Hygienisch verpackt und etikettiert sind sie innerhalb der vorgeschriebenen Lagerzeiten jederzeit für die Vermarktung bereit.

Nach wie vor ist die Gastronomie der Hauptabnehmer von Wildbret. Im Schnitt nimmt sie 60% des auf dem Gesamtmarkt angebotenen Wildbrets ab.

Die Preise für die neue Saison werden jeweils am Anfang der Jagdsaison festgelegt. Sie lassen sich kaum sicher prognostizieren und hängen von der Nachfrage und dem Angebot, d.h. dem mengenmäßigen Vorkommen der Tiere ab. Damit ist klar, dass die Preise pro Wildart recht unterschiedlich aussehen. Bei einer Tierart, bei der das erlegte Angebot dürftig ist, ist der Preis entsprechend hoch. Der Abgabepreis ab heimischer Erzeugung in der Decke oder im Fell, selbstverständlich gemäß der Wildbrethygieneverordnung ausgenommen, unterliegt dem freien Handel.

Natürlich hoffen wir, dass Sie, angeregt durch die ausgewählten und erlesenen Rezepte in diesem Buch, wild entschlossen sind, Ihren Lieben am nächsten Sonntag ein leckeres Gericht mit frischem Wildbret zu servieren. Das Problem ist dann aber, woher bekomme ich den Braten, den ich mir vorstelle? Drei Möglichkeiten gibt es, dem Ziel näher zu kommen:

1. Möglichkeit: Spezialisierte Metzgereien oder Delikatessenabteilungen von Kaufhäusern

Bis vor einigen Jahrzehnten gab es in den Städten Schlachter bzw. Fleischer, die sich auf Landprodukte vom Hühnerei bis zum Suppenhuhn und von selbst geschlachteten Schweinen bis eben zu Wild aller Art aus der Region spezialisiert haben. Die Zeiten sind leider vorbei. In großen Schlachter- und Metzgerei-Ketten, genauso wie in Supermärkten werden Sie kaum fündig werden. Allenfalls wird hier eingefrorenes Wild aus fernen Ländern, sogar aus Übersee, angeboten. Schlagzeilen machten falsch deklarierte Wildimporte wie australisches Känguruh-Fleisch, afrikanische Springböcke oder Rentierfleisch, die als teurer Wildgulasch heimatlichen Wildes verkauft wurden. Billig ist eben nicht unbedingt gut. – Mit einigem Glück finden Sie aber doch einen Schlachter, der noch einheimisches Wildbret aus der Region anbietet. Hier Stammkunde zu werden lohnt sich durchaus.

2. Möglichkeit: Wildhandlungen

In den ländlichen Regionen gibt es je nach Anfall von Wild aus den Revieren ringsum so genannte „Wildhandlungen". An diese Wildhandlungen verkaufen die Jäger und jagenden Förster das frisch erlegte Wild, das sie nicht selbst verwerten oder an Freunde und

Bekannte abgeben. Neben dem Vertrieb an Großkunden sind diese Wildhandlungen in der Regel auch darauf eingerichtet, Privatkunden zu beliefern. Da es sich um Fachbetriebe handelt, erhält man hier in der Regel frisches und gut verarbeitetes Wildbret aus der Region. Da man sich beim Besuch einer solchen Wildhandlung durch Augenschein von der Verarbeitung und der Herkunft des Wildbrets überzeugen kann, lässt sich auch ein dauerhaftes Vertrauensverhältnis aufbauen.

3. Möglichkeit: Selbstvermarktung durch Jäger oder jagende Förster

Der beste und auch interessanteste Weg aber führt zum und über den einheimischen Jäger und den jagenden Förster. Immer mehr Vertreter der grünen Zunft gehen zur Selbstvermarktung des im eigenen Revier erlegten Wildes über. Die bestehenden Vorschriften und die Fach- und Sachkenntnis der Jäger und jagenden Förster garantiert dem Kunden, dass er Wildbret erhält, das auch höchsten Ansprüchen genügt. Mit etwas Glück können Sie hier auch einmal einige Ringeltauben oder einen Hasen für den Weihnachtsfestschmaus erhalten. Manchmal besteht auch die Möglichkeit, eine frische Wildleber zu erwerben, die richtig zubereitet eine Delikatesse ist.

Nun wird nicht jeder einen Jäger bzw. Förster kennen, obwohl sich solch eine Bekanntschaft für beide Seiten lohnt. Suchen Sie nach einer derartigen Verbindung, so können Sie die Anschriften von Jägern und Förstern, die ihr Wild selbst vermarkten, mit Sicherheit über die Jägerschaftsorganisationen (Kreisjägermeister bei den Landkreisen, Kreisgruppenvorsitzende der Jägerschaften) und bei den Forstämtern erhalten. Ein Blick in das Telefonbuch hilft gegebenenfalls weiter.

Ein kleiner Nachteil mag sein, dass man nicht zu jeder Zeit alles liefern kann. Schließlich stehen Rehe und Hirsche nicht jederzeit zum Abschuss in der Wildbahn herum. Jagd ist eben vom Können des Jägers und der Wachsamkeit des Wildes ebenso abhängig wie von vielen anderen Umständen, vor allem von den gesetzlich festgelegten Jagdzeiten, aber auch von Wind und Wetter dem richtigen Quäntchen Glück.

Hat sich jedoch zwischen einem Jäger oder einer Försterei und einem Kunden ein festes Handelsverhältnis eingespielt, kann eine Lieferung schnell organisiert werden. Die Tiefkühlung ermöglicht darüber hinaus ein ganzjähriges Verfügbarsein aller Wildarten.

Beim Jäger erhält man das Fleisch oft günstiger und erlebt darüber hinaus die direkte Konfrontation mit dem Tier und seinem Erleger, ein Erlebniswert, der die Zubereitung und den Verzehr des Wildes in ein ganz anderes Licht stellt. Nicht zu unterschätzen ist

auch das Sicherheitsgefühlt, dass der Käufer erhält, wenn er erfährt von wem und wie das Tier erlegt wurde. Der Kunde kann sich nicht nur über die Zubereitung, sondern auch über das Wild in dem betreffenden Revier, die Jagd und Jäger informieren.

Für welche Bezugsquelle Sie sich auch entscheiden, es ist sehr wichtig, dass Sie Vertrauen zu Ihrem Lieferanten haben. Dies gelingt Ihnen am besten, wenn Sie den Jäger, Förster oder Händler persönlich kennen und sich vom ordnungsgemäßen Zustand seiner Wildbeschaffung und -verwertung, seiner Wildkammer und -kühlung überzeugen können. Nur so können Ängste hinsichtlich hygienischer Mängel und sonstiger Befürchtungen ausgeräumt werden.

Direktvermarktung von Wildbret an Endverbraucher

Der Einzelverkauf an Endverbraucher ist zwar etwas mühsamer, lohnt sich jedoch. Dabei ist zu bedenken, dass bratfertige Ware deutlich bevorzugt wird. Kaum ein Endverbraucher legt Wert darauf, eine Wildente noch selber zu rupfen oder ein Reh eigenhändig aus der Decke zu schlagen.

Zudem sind viele Hausmänner und -frauen nicht abgeneigt, öfter Wild auf den Tisch zu bringen, wenn sie beim Jäger nicht gleich ein ganzes Reh abnehmen müssen. Küchenfertig zerlegt und portioniert, hygienisch in Folie verpackt und beschriftet, ist der Absatz kein Problem. Für dieses Angebot sind die Abnehmer auch gerne bereit einen Aufpreis zu zahlen. Zumal dann, wenn der Kunde zwischen „edlen" und weniger begehrten Teilen wählen kann und nicht auch Stücke kaufen und übernehmen muss, für die er eigentlich keine Verwendung hat.

Jeder Abnehmer wie Anbieter sollte wissen, dass für Wildfleisch, das als „Lebensmittel" an Wildhändler oder Endverbraucher abgegeben wird, eine ganze Reihe Vorschriften und Bestimmungen gelten. So untersagt das Lebensmittel- und Bedarfsgegenständegesetz (LMBG), dass Wild als Lebensmittel in den Handel gebracht wird, dessen Beschaffenheit gesundheitsbedenklich ist. Viele Hygiene-Vorschriften legen genau den Ablauf und die Behandlung von Wildbret fest.

Wenn ein Jäger Fleisch nicht in den anonymen Handel bringt, sondern ausgewählte Stücke an Freunde und Bekannte abgibt oder die Stücke selbst verwertet, ist er von der LMBG nicht betroffen. Er ist aber wie alle anderen dem Fleischhygienegesetz (FLHG) und der Fleischhygieneverordnung (FLHV) verpflichtet. Dazu zählt auch, dass grundsätzlich jedes erlegte Stück Schwarzwild der Trichinenschau vorgeführt werden muss.

Allen Personen, die eine Jägerprüfung erfolgreich abgelegt haben, spricht man genauso wie Veterinärmedizinern und allen, die berufsmäßig mit der Wildbret- und Lebensmittelhygiene zu tun haben, die Fähigkeiten und Kenntnisse zur Einhaltung der Fleischhygiene zu.

In dem FLHG und der FLHV wird z. B. geregelt, dass Schalenwild unmittelbar nach dem Schuss auf eine Kerntemperatur von +7 °C heruntergekühlt werden muss. Dazu ist ein Kühlraum erforderlich, in dem die Temperatur bis auf etwa +3 °C herabgesenkt werden kann. Bei +7 °C muss das Wild 3 bis 4 Tage abhängen. In dieser Zeit findet die Fleischreifung statt, indem die muskeleigene Energiereserve (Glykogen) in Milchsäure umgewandelt wird. Erst dadurch wird das Wildbret zart und bekömmlich.

Wild, das in den Handel gelangen soll – egal ob von haupt- oder nebengewerblichen Wildhändler – darf ausschließlich in Zerwirkräumen zerlegt werden, die bis unter die Decke gekachelt sind. An diesen Einrichtungen scheitert oft die zulässige Direktvermarktung an den Endverbraucher, besonders auch der lukrative Teileverkauf. Kaum ein Privatjäger nimmt die teuren Investitionen einer solchen Zerwirk- und Kühlkammer, oder gar einer Rauchkammer auf sich. Allerdings können solche Anschaffungen als Gemeinschaftsinvestitionen mehrerer Revierinhaber erfolgen. Je nach Wildanfall amortisiert sich solche Einrichtung dann sehr schnell.

Jäger, die das Fleisch für ihren Eigenbedarf zerlegen oder nur in Kleinmengen an Verwandte und Bekannte abgeben, müssen diese Vorschriften nicht beachten. Er kann auch weiterhin das Tier direkt im Revier, in seiner Garage, im eigenen Keller oder sonstwo zerlegen.

Wer sich näher über die Vorschriften der Wildfleischverwertung informieren möchte, dem sei das Buch „Wildkrankheiten und Fleischbeschau" von Dr. Albrecht von Braunschweig *(Landbuch Verlag Hannover, ISBN 3 7842 0595 X, 29,80 DM)* empfohlen.

Übrigens finden auch noch grob zerschossene Teile, wie Rippen oder Bauchlappen, genauso wie die Einschusslöcher ihre Abnehmer. Werden die ausgeschnittenen Schusskanäle, zerschossenen Keulen oder Rücken kühltruhengerecht verpackt, werden sie nämlich gerne von Hunde- und Katzenbesitzern übernommen.

Beschädigte Stellen im Wildbret sollten grundsätzlich großzügig herausgeschnitten werden. Dabei bloß nicht mit jedem Kilo feilschen, denn schlechte Ware verdirbt den Markt nachhaltig.

Gesund und frisch aus dem Wald auf den Tisch

Klosterforstamt Soltau – Ein Beispiel für
Direktvermarktung von Wildbret

Um Ihnen den Einstieg etwas zu erleichtern, werfen wir einen kurzen
Blick in den praktischen Jagdbetrieb eines Heideforstamtes. Welche
Vorstellungen haben Sie von der Jagd in den Wäldern vor Ihrer Haus-
tür?

Auch wenn es nicht besonders auffällt, Jagd findet nahezu flächendeckend statt. Alle land- und forstwirtschaftlichen Flächen sind in so
genannte Jagdbezirke eingeteilt, in denen die Jagd ganzjährig aus-
geübt wird. Eines der zentralen Forstämter in der Lüneburger Heide
ist das Klosterforstamt Soltau der Klosterkammer Hannover. Hier wird
auf insgesamt 14 000 Hektar Waldfläche nachhaltig Holz produziert.
Holz für den Hausbau genauso wie für den Innenausbau, Möbelware
für Tischlereien und zur Herstellung von Papier. Da mit dem Eigen-
tum das Jagdrecht untrennbar verbunden ist, wird auf den 14 000

Hektar Wald zwischen Hustedt bei Celle im Süden und Garlstorf vor den Toren Hamburgs im Norden intensiv gejagt.

Die Klosterkammer Hannover geht zurück auf Elisabeth von Calenberg, die im Jahre 1547 (!) Kirchengut, u. a. große Kirchenwaldungen, nicht in ihren Privatbesitz überführen (säkularisieren) ließ, sondern es getrennt von ihrer Privatschatulle bewirtschaften ließ, um die Gewinne für „mildtätige" Zwecke zu verwenden, für die der Allgemeinheit das Geld fehlte.

Klosterforstamt Soltau

Lönsweg 11, 29614 Soltau
Telefon: (0 51 91) 98 30-0,
Fax: (0 51 91) 98 30-20
Dienstzeiten:
Montag – Donnerstag
8.00 – 16.00 Uhr
Freitag 8.00 – 13.00 Uhr

Weidwerk in unseren heimischen Wäldern

Im Forstamtsbereich kommen praktisch alle heimischen Wildarten vor, jagdlich von größerer Bedeutung sind v. a. die Schalenwildarten Rot-, Schwarz- und Rehwild, in Randbezirken kommen auch Dam- und Muffelwild vor.

Im Laufe eines Jagdjahres, das gesetzlich vom 1. April eines Jahres bis zum 31. März des Folgejahres festgelegt ist, werden auf der Klosterforstamtsfläche etwa 200 Stück Rotwild, 650 Rehe und 300 Wildschweine erlegt, daneben einige Stücke Dam- und Muffelwild. Dieses Streckenergebnis ist nur durch eine intensive und professionelle Jagd zu erreichen. Da die Holzproduktion im Vordergrund steht, können die Klosterförster den Abschuss nicht alleine erfüllen. Also werden private Jäger eingebunden. Der größere Anteil der Jahresstrecke wird in den Klosterforsten von Privatjägern erlegt. Diese sind zum einen dankbar für eine Jagdmöglichkeit und bringen zusätzlich Geld in die Kasse des Klosterforstes.

Der gesetzliche Auftrag des Forstamtes ist klar – das Jagdgesetz schreibt vor, dass die Wildbestände weder ausgerottet noch überhegt werden dürfen. Das Forstamt strebt deshalb eine der Qualität der Lebensräume angepasste Wilddichte an. Die Wilddichte gilt als angepasst, wenn der Wildbestand nachhaltig genutzt wird, aber gleichzeitig auch Schäden am Wald vermieden werden und sich die vorhandenen Baumarten auf natürliche Weise verjüngen lassen. Ein Kompromiss zwischen zu viel und zu wenig Wild. Jeder Jagdausübungsberechtigte, so auch das Klosterforstamt Soltau legt den Landkreisen, die als Untere Jagdbehörde fun-

gieren, im Frühjahr eine Planung sämtlicher Abschüsse vor. Es ist also eine ausreichende Kontrolle vorgesehen, um eine regionale nachhaltige Wildbewirtschaftung zu gewährleisten. Dennoch steht natürlich auf land- und forstwirtschaftlich genutzten Flächen die Vermeidung von Wildschäden im Vordergrund. Hohe Kosten lassen hier im praktischen Forstbetrieb keine Sentimentalitäten zu, um eine Verjüngungskultur anzulegen, werden zum Beispiel je nach Baumart zwischen 3000 und 10 000 DM pro Hektar investiert. Wenn das Wild die Knospen der jungen Pflanzen abbeißt oder qualitativ hochwertigen Bäumen die Rinde abschält, entstehen horrende Wertverluste.

Jagd sorgt aber keineswegs nur für eine Wildtierregulierung, letztlich geht es hierbei um einen der natürlichsten Zweige der Ernährungswirtschaft: es geht um ein gesundes Stück Wildbret. Eine Stärkung dieses Zweiges wäre nicht nur im Sinne der Jagd, sondern v. a. im Sinne aller Verbraucher. Die regionale Vermarktung spielt hierbei glücklicherweise eine zunehmende Bedeutung.

Tipp: Ein Anruf in Ihrem Forstamt lohnt sich immer! Eine freundliche Auskunft, ein fachlicher Ratschlag und Sie wissen, wie Sie an ein gesundes, frisches und heimisches Schalenwild kommen.

Vormerkerliste

Da die Jagderfolge im Jahreslauf schwanken, ist es ratsam, ein Stück Wild bei einem Jäger oder einer Revierförsterei vorzubestellen. Sind Sie einmal in einer Liste bei einem Jäger oder einem Forstamt eingetragen, werden Sie benachrichtigt, sobald ein entsprechendes Reh oder Wildschwein zur Strecke gekommen ist.

Geschnitten oder am Stück

Erfahrene Wildbretkunden kaufen das Wildbret so wie es erlegt wurde und zerlegen es selbst und frieren es ein oder teilen es mit Freunden und Bekannten. Zum richtigen Renner wird das Wildbret, wenn es durch Fachleute zu einem edlen Wildschweinschinken oder zu bratenfertigen Stücken „veredelt" wird.

Professionelle Fleischverwertung

Nach der Erlegung werden die sauber von den Innereien befreiten („aufgebrochenen") Tiere in den Wildkammern aufgehängt und gekühlt. Wildbrethygienische Aspekte genießen heute absoluten Vorrang. Nicht nur im Forstamt Soltau, sondern in allen anderen Forstämtern und Jagdbezirken wird größter Wert auf die fachmännische Versorgung des Wildes gelegt. Hierbei gilt das Hauptaugenmerk einer bestmöglichen und quantitativ hochwertigen Versorgung vor und nach dem Schuss, um das kostbare Nahrungsmittel für den einwandfreien Verzehr vorzubereiten. Wert gelegt wird auf die dementsprechenden Fähigkeiten der Jäger und die dazugehörige Ausrüstung.

Einheimisches Wildbret ist durch nichts zu überbieten. Gourmets schätzen den feinen Geschmack und können die Herkunft der Stücke einordnen.

Der zunehmende Zuspruch ist deutlich spürbar, weil die Gastronomien in den Wildbret-Regionen mehr Wildbret abnehmen als in der Vergangenheit. Gehen Sie deshalb einmal ein Wildgericht in Ihrer Region essen oder lassen Sie sich einmal in einem Forstamt, in einer Revierförsterei bzw. bei einem Revierinhaber vormerken! Probieren Sie es selbst einmal aus. Sie werden das heimische Wildbret auch schätzen lernen.

Das Forstamt Soltau und alle anderen Forstämter wünschen guten Appetit bei dem Verzehr des wohlschmeckenden heimischen Wildes.

Allgemeine Informationen und Hinweise

zu Wildbret und Wildfrüchten und ihrer Verwertung in der Küche

Die Vorzüge von Wildbret

Wildfleisch unterscheidet sich in seiner Zusammensetzung und Beschaffenheit erheblich vom Fleisch unserer gemästeten Schlachttiere. Es ist extrem fettarm, feinfaserig und von fester und gut verdaulicher Beschaffenheit. Insbesondere wegen seines niedrigen Cholesteringehaltes findet es auch als diätetisches Lebensmittel Verwendung.

Die besondere Ernährung der Wildtiere und die Bewegungsmöglichkeiten in freier Wildbahn führen zur Ausbildung kräftigen Muskelfleisches mit einem typischen Aroma. Die besonders feste Konsistenz sowie der geringe Wasser- und Fettanteil im Wildfleisch müssen schon beim Zerlegen und Vorbereiten der Wildtiere in der Küche berücksichtigt werden.

Wildbret ist äußerst reich an Mineralstoffen und Vitamin B_2. Gegenüber dem Schlachtvieh hat das Fleisch der Wildtiere einen sehr viel geringeren Fettanteil, der je nach Wildart lediglich zwischen 1 bis 8 % beträgt.

Durchschnittlicher Nährwert je 100 g verzehrbares Wildbret							
Wildart	Energie in kJ	Energie in kcal	Eiweiß in g	Fett in g	Phosphor in mg	Eisen in mg	Vitamin B_2 in mg
Rehrücken	533	132	22,4	3,6	220	3,0	0,25
Rehkeule	435	104	21,4	1,3	220	3,0	0,25
Wildschwein	493	118	19,5	3,4	120	--	0,10
Rotwild	512	122	20,6	3,3	249	3,4	0,25
Damwild	--	--	--	--	--	--	--
Hase	512	124	21,6	3,0	220	2,4	0,06
Wildkaninchen	666	159	20	8	--	--	--
Wildgeflügel	451	108	16,3	3,8	--	2,5	0,12

Hier wurden weitestgehend die Nährwertangaben des Auswertungs- und Informationsdienstes für Ernährung, Landwirtschaft und Forsten (aid) e. V. übernommen.

Wildbret ist ein ungefährliches Nahrungsmittel

Schon 1988 stellte der geschäftsführende Direktor des Instituts für Tierärztliche Nahrungsmittelkunde der Justus-Liebig-Universität Gießen, Prof. Dr. R. M. Hadlok fest: Die Strahlenbelastung des Wildbrets als Folge des Reaktorunfalls von Tschernobyl ist unbedeutend. Die gesamte Problematik der Gesundheitsschäden durch Umweltbelastungen ist weitgehend eine Frage der Verzehrgewohnheiten. Und wer isst schon Wildbret in Übermaßen? Übertreibungen schaden bei allen Nahrungsmitteln.

Wissenschaftlich belegt ist, dass weitaus mehr Erkrankungen durch Schlachttiere übertragen werden.

Um auch das Restrisiko zu minimieren, sollte Wildbret grundsätzlich durchgebraten werden. Dabei gilt: Das Fleisch muss mindestens über einen Zeitraum von 10 Minuten eine Kerntemperatur von 80 °C aufweisen. Dann sind alle etwaigen Krankheitserreger abgetötet und der Verzehr ist vollkommen unbedenklich.

Auf mousse aus Rehfleisch oder carpaccio aus Wildente sollte mithin verzichtet werden.

Die Qualität des Wildbrets hängt von drei Faktoren ab:

a) Alter des Tieres
Je jünger ein Tier ist, umso zarter sein Fleisch.
Bei Reh-, Rot- und Damwild gilt das Wildbret von bis zu dreijährigen Stücken als besonders zart. Schwarzwild beginnt schon ab dem zweiten Lebensjahr grobfasrig zu werden.

Kann man bei Reh, Hirsch, Damhirsch schon an ihrer äußeren Erscheinung schon ziemlich genau einschätzen, wie alt das erlegte Tier ist, so ist dies bei den vorgestellten Niederwildarten – Hase, Kaninchen, Ringeltaube und Stockente – nicht immer ganz einfach. Nicht einmal für den erfahrenen Jäger. Wenn Ihnen also eine Ente mit 500 Flugstunden in die Küche kommt, verzweifeln Sie nicht. Zum einen ist das sicher kein böser Wille des Jägers, von dem Sie diesen Vogel erhalten haben, und zum anderen ist es eher die Ausnahme, da 80 % des erlegten Wildes ein bis zwei Jahre alt sind. Das ist logisch und vernünftig, da es eben immer nach dem Sommer sehr viel mehr Jung- als Alttiere gibt. Und wenn dann gar nichts mehr hilft, gibt es noch das alte ostpreußische Spezialrezept für solche Fälle:

„Hast Du drei alte Stockenten, bereite eine Gemüsebrühe vor, lege die drei Enten hinein und dazu zwei Ziegelsteine. Das Ganze lasse 24 Stunden köcheln, gibs den Hunden die Enten und serviere die Ziegelsteine in der Brühe.“

b) Paarungszeit des Tieres
Während der Brunft- oder Rauschzeit bilden auch die Wildtiere große Mengen Sexualhormone, die sie in der Paarungszeit als Lockstoffe unbedingt benötigen. Besonders die männlichen Stücke riechen dann furchtbar penetrant. Diesen, für die menschliche Nase, üblen Geruch, verliert auch das Wildbret erlegter Tiere nicht. Da hilft selbst langes Einfrieren und Marinade sowie Beize kaum. Das Fleisch ist geschmacklich völlig verändert. Deshalb sollten die Tiere in den betreffenden Zeiträumen nicht zum Verzehr erlegt werden.

c) Jagdzeiten der Tiere
Früher war der Verzehr von Wildtieren auf wenige Monate beschränkt. Immer nur dann, wenn die Tiere Jagdzeit hatten. Dies hat sich grundlegend geändert. Durch die Tiefkühltechnik und den regen Wildhandel kann man jederzeit Wild bekommen. Dies hat natürlich manchmal seinen Preis. Bekommen kann man jedoch Wildbret jederzeit. Wer allerdings frisch erlegtes Wild kaufen will, muss sich auch heute noch an die gesetzlich festgelegten Jagdzeiten halten. Diese Zeiten unterscheiden sich von Bundesland zu Bundesland mehr oder weniger leicht.

Zerwirken

Meist wird das aus der Decke geschlagene Wild – nachdem das Haupt und die Läufe abgetrennt wurden – in sechs Teile zerwirkt:

① Träger / Hals + Nacken
② Blatt (Schultern)
③ vorderer und hinterer Rücken (Ziemer) mit Filet und Koteletts
④ Brust und Bauch
⑤ Rippen
⑥ Keulen (Schlegel)

Ein Fiasko mit Wildbret kann vermieden werden

Die Zubereitung von Wildfleisch scheint schwierig. Wahrscheinlich haben Sie auch schon häufiger die Erfahrung gemacht, dass ein auf einer Menükarte so vielversprechend angekündigter Wildbraten sich auf Ihrem Teller als zähes und trockenes Stück Leder entpuppte, das oft auch noch in einer völlig überwürzten Tunke schwamm.

Nicht selten sind es Hochzeitsmenüs mit einem Wildhauptgang, die in solch einem kulinarischen Fiasko enden. Dafür gibt es im Wesentlichen 3 Gründe:

① Das meist tiefgefrorene Fleisch ist vor der Zubereitung falsch aufgetaut worden.
② Oder aber das Fleisch wurde nicht mit der notwendigen Sorgfalt gegart, insbesondere die Gartemperaturen und die Garzeiten wurden nicht auf die Fleischeigenschaften abgestimmt.
③ Der dritte Fehler liegt häufig im Zeitmangel in der Küche, der dazu führt, dass das Fleisch nach dem Garen sofort aufgeschnitten wird, mit der tragischen Folge, dass der Dampfdruck den ohnehin geringen Anteil an Fleischsaft aus dem Wildfleisch heraus presst.

Regeln für die Wildbret-Zubereitung

Es gibt keinen Grund, Angst vor der Zubereitung von Wildfleisch zu haben, denn sehr viel anders als das Braten von Rind- und Kalbfleisch wird auch hier nicht gefordert. Dennoch gibt es einige wenige grundlegende Regeln, die beachtet sein wollen, dann gelingt auch der Köchin oder dem Koch aus Leidenschaft die Zubereitung eines saftigen, schmackhaften Wildgerichts:

Lagerung und Einfrieren von Wildbret

Durch die hohen Energiereserven und den raschen pH-Wert-Verfall ist Wildfleisch besonder lange haltbar.

Die Reifung des Wildfleisches erfolgt heute meist portioniert im tiefgefrorenen Zustand. Wenn Sie selbst einfrieren, sollten Sie darauf achten, dass Sie möglichst kleine, gut verpackte, Fleischstücke tiefgefrieren, die möglichst schnell durchfrieren sollten. Eine langsame Einfriergeschwindigkeit führt zur Bildung großer Eiskristalle im Gewebe, die die Zellen zerschneiden und zu erheblichen Saftverlusten führen.

Wildart	Lagerungsdauer in Monaten
Rehwild	12
Schwarzwild	6
Rotwild	12
Damwild	12
Hase	8
Wildkaninchen	8
Ringeltaube	8
Wildente	4

Bei $-18\,°C$ können folgende Lagerungszeiten angenommen werden:

Auftauen von Wildbret

Das Auftauen sollte grundsätzlich sehr langsam im Kühlschrank erfolgen, dann bleibt das Fleisch später bei der Zubereitung ebenfalls saftiger. Frisch eingefrorenes Wildbret taut im Kühlschrank innerhalb von bis zu zwei Tagen auf. Bei Zimmertemperatur kann dies auf zirka einen halb Tag reduziert werden. Aus hygienischer Sicht ist jedoch dem Auftauen im Kühlschrank der Vorzug zu geben. Wenn Wildbret aufgetaut wurde, sollten Sie es umgehend verarbeiten. Um alle etwaigen gesundheitlichen Risiken zu vermeiden, sollte eine Kerntemperatur von mindestens $70\,°C$ über mehrere Minuten erreicht werden.

Muskelverletzungen und Spicken sind tabu

Vermeiden Sie beim Zerlegen das Anschneiden der Muskelpartien. Jede Verletzung der Fleischfaser führt später zu Saftverlusten bei der Zubereitung. Deshalb sollten Sie auch auf das Spicken von Wild verzichten. Es verletzt die Fleischfaser und führt ebenfalls zu Saftverlusten.

Spicken und Speckbandagen wirken geschmacksverfälschend

Früher war es üblich, mit Hilfe einer speziellen Nadel kalte, feine Speckstreifen durch magere Fleischstücke zu ziehen. Auf diese Weise wird das Fleisch jedoch nicht saftiger, sondern trockener. Deshalb zieht man heute dem Spicken das Umlegen mit Speckscheiben vor. Diese Methode verhindert jedoch, dass das Wildbret eine braune Kruste bildet. Grundsätzlich wird jedoch durch Speck der feine Wildgeschmack beeinträchtigt.

Wenn Sie befürchten, dass Ihr Fleisch beim Garen zu trocken werden könnte, belegen Sie es mit dünnen Scheiben von grünem Speck (Bardieren). Dieser fette Speck ist ungesalzen sowie nicht geräuchert und besitzt mithin einen neutralen Geschmack. Auch ein Schweinenetz, das Sie beim Schlachter erhalten, hat den selben Effekt.

Hautgout ist passee

Üppiges Würzen von Wildgerichten stammt noch aus einer Zeit als man das Wild oft ohne geeignete Kühlmöglichkeiten viel zu lange abhängen ließ. Durch übermäßiges Würzen versuchte man das strenge Wildaroma (Hautgout) zu überdecken.

Marinaden verfälschen Eigengeschmack

Insbesondere bei Wildbret von jungen Tieren im Alter von ein bis zwei Jahren ist das Beizen oder Marinieren des Fleisches vollkommen unnötig. Durch diese Art der Behandlung wird das Wildbret kaum zarter, aber der feine Wildgeschmack vollständig verfälscht. Marinaden und Beizen bieten sich eher bei gröberen Stücken an, die erst mit Hilfe des Einlegens zart werden.

Früher gab es nur drei Möglichkeiten, Fleisch für einen gewissen Zeitraum zu konservieren:
1. Pökeln
2. Räuchern
3. Marinieren

Alle drei Varianten wirken sich auf den Eigengeschmack des Fleisches aus. Heute bietet sich mit der Kühltechnik ein geschmacksschonenderes Verfahren an.

Wildbret parieren

Beim Parieren (befreien von Sehnen und Häuten) der Fleischstücke sollten Sie nur grobe Sehnen entfernen, die beim Braten zusammenschnurren und das Fleischstück verformen würden. Bindegewebshäutchen (Silberhäutchen) bilden bei der Zubereitung eine natürliche Barriere, die das Fleischstück (besser) vor dem Austrocknen schützt. Verzichten Sie deshalb darauf, das gesamte Muskelfleisch von allen Häutchen zu befreien.

Auf den Punkt gegart und geschmort

Bei der Zubereitung schließlich sollten Sie das ausgewählte Garverfahren auf die Fleischbeschaffenheit abstimmen.

Stark beanspruchte Muskelgruppen der Wildtiere, wie Haxen, Schulter, Nacken usw., gerade die von älteren Tieren, sind besonders bindegewebsreich. Sie benötigen lange Garzeiten in einem feuchten Garklima, damit das Bindegewebe quellen kann und weich wird. Diese Fleischteile sollten Sie schmoren, d. h. Sie braten das Fleisch von allen Seiten gut an, löschen mit einem Fond ab und garen das Fleisch mit geschlossenem Deckel im Ofen bei niedrigen Temperaturen zwischen 120 und 150 °C.

Damit Sie trotzdem eine schöne glänzende, aromatische Kruste erhalten, können Sie den Braten vor dem Servieren bei starker Oberhitze mit dem Fond übergießen und glasieren (gratinieren).

Weniger beanspruchte Muskelgruppen der Wildtiere sind bindegewebsärmer und zarter. Hierzu zählen beispielsweise Filet, Rücken und Keule. Insbesondere das Fleisch junger Tiere zeichnet sich durch besondere Zartheit aus. Diese Fleischstücke sollten Sie auf den Punkt garen. Dabei bedienen Sie sich am besten eines handelsüblichen Garthermometers, das es in Fachgeschäften sehr preiswert zu kaufen gibt. Mit diesem Hilfsmittel können Sie jederzeit kontrollieren, welche Kerntemperatur Ihr Braten hat.

So funktioniert es, ein Stück Wild auf den Punkt zu garen:
① Braten Sie das Fleisch in einem Bräter zunächst von allen Seiten gut an, damit sich die Poren schließen und möglichst wenig Saft verloren geht.
② Dann lassen Sie den Braten bei 150 bis 180 °C im vorgeheizten Ofen garen.
③ Wenn Sie sich über die benötigte Garzeit unsicher sind, müssen sie von Zeit zu Zeit die Kerntemperatur im Fleisch kontrollieren.

a) Hat Ihr Braten eine Kerntemperatur von 60 bis 65 °C erreicht, sollten Sie ihn aus dem Ofen nehmen und an einem warmen Ort einige Minuten ruhen lassen.

Dabei steigt die Temperatur je nach Dicke des Fleisches noch an. Am Ende der Ruhezeit sollte der Braten eine Kerntemperatur von 70 bis 75 °C haben. Bei dieser Kerntemperatur hat das Fleisch noch einen leichten rosa Schimmer, es ist saftig, weil die Fleischfasern sich nur wenig verkürzt haben und noch einiges an Fleischsaft gebunden haben.

b) Zu lange gegartes Fleisch mit einer höheren Kerntemperatur ist deutlich trockener und fester. Vom kulinarischem Standpunkt aus lohnt sich deshalb die Mühe, bindegewebsarme Fleischstücke auf den Punkt zu garen.

Achten Sie bitte darauf, dass Sie sowohl bei dem geschmorten Braten als auch bei den auf den Punkt gebratenen Zubereitungen eine Ruhezeit vor dem Aufschneiden einhalten, damit Ihr Braten nicht ausläuft und trocken wird.

Jetzt müssen Sie nur noch hoffen, dass Ihre Gäste pünktlich sind, denn nichts schadet dem kulinarischem Wert Ihres Bratens mehr, als langes Warten darauf, gegessen zu werden.

Das Geheimnis ist der Fond

Das Geheimnis einer guten Wildküche ist ein gepflegter Fond (Brühe), den wir mit etwas Geduld und Aufmerksamkeit aus dem herstellen, was beim Zerlegen eines Wildtieres in großen Mengen anfällt, nämlich aus den Knochen und Fleischabschnitten.

Häufig wandern diese Abgänge ungenutzt in den Müll, weil es Mühe macht, diese oft besonders harten Knochen mit dem Küchenbeil in kleine Stücke zu zerkleinern oder weil sie uns unappetitlich erscheinen. Damit verschenken wir aber die Chance auf ein kulinarisches Abenteuer und werden auch dem Ethos des Jagens nicht gerecht, das doch fordert, möglichst viel von einem erlegten Tier zu verwerten.

1. Frische Knochen und Fleischstücke

Grundsätzlich sollte man aber die Teile des Wildes, die unappetitlich erscheinen, Schusslöcher, Blutergüsse oder zertrümmerte Knochen, auch nicht für Fonds verwenden. Stattdessen kommen in einen Fond stets frische Knochen und Fleischabschnitte.

Für einen Fond sollten niemals abgehangene, gereifte Tieren verwendet werden, denn sie verderben einen Fond, weil sie ihn alt und muffig schmecken lassen.

2. Zeit lassen

Die Herstellung eines Fonds braucht Zeit. Sie müssen einen guten Fond 4 bis 6 Stunden köcheln lassen, damit die Geschmacksstoffe aus den Knochen heraustreten. Es ist notwendig, dass der Sud solange einkochen kann, bis ein intensives, typisches Aroma entsteht, das die Grundlage einer schmackhaften Wildsuppe oder Soße bildet.

3. Sparsames Würzen

Würzen Sie Ihre Fonds äußerst zurückhaltend mit Salz und nach Möglichkeit nicht mit handelsüblichen Wildgewürzmischungen, damit der Wildgeschmack nicht von den Gewürzen dominiert wird. Nur so können Sie Ihren Fond mit weiteren aromatischen Zutaten wie z. B. Steinpilzen oder einem guten Rotwein abschmecken, ohne dass diese geschmacklich auf der Strecke bleiben.

Sie sollten Ihren Fond neben Salz allenfalls sparsam mit Lorbeer, Wacholder, Zwiebeln oder wahlweise mit Nelke und abgeriebener Schale von unbehandelten Zitrusfrüchten würzen.

4. Wildfonds lassen sich gut lagern und einfrieren

Starkes Einkochen des Fonds vermindert die Gesamtmenge der kostbaren Flüssigkeit, was die Lagerung vereinfacht.

Überschüssige Mengen Fond lassen sich gut einfrieren. Portionieren Sie Ihren stark konzentrierten Fond in Eiswürfelbeuteln oder kleinen Gefrierboxen, damit Sie bei der Zubereitung eines leckeren Wildbratens auf einen schmackhaften Fond zurückgreifen können und Ihnen eine Soße gelingt, mit der Sie Ihre Gäste beeindrucken können.

5. Soßenbindung ausschließlich mit Sahne oder Butter

Vermeiden Sie aber bei der Herstellung von Suppen und Soßen das Binden mit Mehl oder Stärke. Damit zerstören Sie das gepflegte Aroma Ihres Fonds. Stattdessen können Sie Ihre Wildsoßen und Suppen durch Einkochen mit Sahne oder durch das Unterschlagen eiskalter Butterstückchen kurz vor dem Servieren binden. Eine weniger kalorienreiche Variante bildet das Binden mit pürierten Früchten oder Gemüsen. Hier bieten sich vor allem Äpfel, Birnen, Beeren und Möhren an. Grundsätzlich sollten Sie Ihre Soßen und Suppen aber nicht zu stark binden, weil jede Variante des Bindens mit Geschmackseinbußen einher geht.

Tipps zum Wildfond: Die langen Kochzeiten lassen sich erheblich verkürzen, wenn Sie den fertigen Röstansatz nach dem Anbraten in einen Schnellkochtopf umfüllen und bei geschlossenem Deckel mit entsprechendem Dampfdruck garen. Schon in weniger als einer Stunde lässt sich eine schmackhafte Brühe aus Wildknochen und Abschnitten herstellen, die anschließend nur noch bei geöffnetem Deckel eingekocht werden muss.

Wildfond

Zubereitung:

1. Die Wildknochen mit dem Küchenbeil zerkleinern.
2. In einem Bräter das Bratenfett auf hoher Flamme erhitzen.
3. Die Knochen in dem hoch erhitzten Fett von allen Seiten anbraten.
4. Das Gemüse waschen und nach Sorten sortiert in grobe Würfel schneiden.
5. Die Möhren- und Selleriewürfel zu den Knochen geben und mitrösten bis sie Farbe genommen haben.
6. Danach auch die gewürfelten Zwiebeln und das Lauch zugeben und ebenfalls rösten.
7. Anschließend die Hitze etwas reduzieren.
8. Nun kommen noch das Tomatenmark und die Gewürze in den Ansatz und werden zusammen mit den übrigen Zutaten kurz geschmort.

Zutaten: (Mengen für 1 Fond)

2,5 kg Wildknochen
20 g Bratfett
100 g Möhren
50 g Sellerie
100 g Lauch
1 Zwiebel
4 Wacholderbeeren
1 Lorbeerblatt
3 EL Tomatenmark
1 EL edelsüßer Gewürzpaprika
etwas Salz
$1/4$ l Rotwein
3 l Wasser

Tipp: Achten Sie darauf, dass der Ansatz nicht zu dunkel wird. Zwiebeln, Lauch, Gewürze und Tomatenmark verbrennen sehr leicht und bilden dann Bitterstoffe, die den Fond verderben. Dies sollte unter allen Umständen verhindert werden.

9. Den Ansatz mit wenig Wasser ablöschen und erneut so lange einkochen, bis eine siruppartige Masse entsteht.
10. Das Ablöschen mit wenig Wasser wird 3- bis 5-mal wiederholt.
11. Nach dem letzten Einkochen wird alles mit dem Wein und gut 3 l kaltem Wasser aufgefüllt.
12. Zudem die Knochen mit gut 2 l kaltem Wasser auffüllen.
13. Den Fond zum Kochen bringen und am Siedepunkt noch 3 bis 4 Stunden ziehen lassen.
14. Währenddessen ist ab und zu (eher häufiger) der Schaum und das Fett abzuschöpfen.
15. Dann den Fond durch ein feinmaschiges Sieb oder ein gut ausgewaschenes Geschirrtuch seihen.
16. Anschließend wird der Fond auf die Hälfte des Volumens eingekocht.

Eigene Notizen und Adressen:

Die Bundesländer können die Jagdzeiten von jagdbaren Tieren auf ihre Begebenheiten abstimmen. Und tatsächlich unterscheiden sich die Schon- und Jagdzeiten von Bundesland zu Bundesland. Generell gilt jedoch, dass die für die Aufzucht notwendigen Elterntiere z. B. bei Schwarzwild und Wildkaninchen, in ihren Setzzeiten bis zum Selbstständigwerden ihrer Jungtiere nicht bejagt werden dürfen.

In diesem Buch sind bei der Vorstellung der einzelnen Tierarten jeweils die Jagdzeiten der Bundesverordnung des Bundesministers für Ernährung, Landwirtschaft und Forsten angegeben. Über die exakten und aktuellen Jagdzeiten einer bestimmten Region informieren Sie gerne die zuständigen Jagdbehörden.

Dorspeisen

Damhirschfilet
auf Blattsalat

Tipp:
Chicorée wird grundsätzlich
nicht gezupft, sondern
geschnitten, da die gezupften
Stellen unverzüglich braun
werden würden.

Gebratenes Damhirschfilet

auf herbstlichen Blattsalaten mit Johannisbeer-Dressing

Zubereitung:

Das Fleisch:
1. Das Hirschfilet waschen und gut abtrocknen.
2. Das Stück von Knochen, Sehnen und Fett befreien (parieren).
3. Dann das Fleisch kurz scharf anbraten.
4. Fleisch würzen.
5. Das gewürzte Filet bei geringer Hitze von 150 °C 5 Min. im Ofen ziehen lassen. Garstufe: Medium
6. Mit der Crème de Cassis ablöschen und kurz bei starker Oberhitze unter häufigem Begießen von allen Seiten glasieren.
7. Das Wildbret sollte auf den Punkt gegart werden (siehe Seite 78).
8. Bis zum Aufschneiden sollte das Fleisch ruhen. Serviertemperatur: warm

Der Blattsalat:
1. Die Salate gut waschen, entstrunken und abtrocknen.
2. Die Salatsorten werden – mit Ausnahme des Chicorée – vorsichtig in mundgerechte Stücke gezupft.
3. Die Salatblättchen als Bouquet anrichten.

Johannisbeer-Dressing:
1. Essig, Saft, Senf, Honig und Gewürze aufrühren.
2. Öl nach und nach unterschlagen.
3. Alles abschmecken.
4. Dressing über den angerichteten Salat geben.

Weiterverarbeitung:
1. Erst jetzt wird das warme Fleisch in dünne Tranchen geschnitten und auf dem Salat angerichtet.
2. Die Schwarzen Johannisbeeren waschen und entstielen.
3. Zum Schluss die Johannisbeeren dekorativ über die Filetstücke und den Salat verteilen.

Zutaten:
(Mengen für 4 Personen)

Wildbret:
200 g Hirschfilet
etwas Butterschmalz zum Braten
etwas Salz
etwas schwarzer Pfeffer aus der Pfeffermühle

Glasur:
30 ml Crème de Cassis (Likör von Schwarzen Johannisbeeren)

Blattsalat:
250 g herbstliche Blattsalate:
 - Friséesalat
 - Radicchio
 - Chicorée
 - Rauke (Rucula)

Johannisbeer-Dressing:
40 ml Rotweinessig
40 ml Schwarzen Johannisbeersaft
1 Msp. Senf
1 TL fließfähigen(!) Honig
etwas schwarzer Pfeffer aus der Mühle
etwas Salz
100 ml Traubenkernöl

Dekoration:
120 g Schwarze Johannisbeeren

Gebratene Hirschleber
im Nussmantel auf Sellerie-Apfel-Salat

Zubereitung:

Sellerie-Apfel-Salat:

① Den Sellerie schälen und in dünne Scheiben schneiden.

② Die Scheiben kurz bissfest (al dente) in Salzwasser abkochen.

③ Den Sellerie in dünne, gleichmäßige Streifen schneiden.

④ Die Äpfel schälen und ebenfalls in dünne Streifen schneiden.

⑤ Die Apfelstreifen unverzüglich mit Zitronensaft beträufeln, dies verhindert ihr Braunwerden.

⑥ Die Sahne schlagen und unter die Crème fraîche heben.

⑦ Etwas Zitronensaft von den Äpfeln in die Soße geben.

Tipp: Je nach Alter des Hirsches ist die Leber stark mit Adern und Bindegewebe durchzogen. Je älter das Stück, umso stärker. Diese Gefäße und Häute sind zu entfernen.

⑧ Die Soße mit den Gewürzen süß-sauer abschmecken.
⑨ Dann die Soße über den Salat geben.
⑩ Die Walnüsse erst kurz vor dem Servieren hacken und in den Salat geben.

Fleisch:
① Die Leber wässern, ggf. enthäuten und einige Stunden in Buttermilch einlegen.
② Die Leber gut abtrocknen und in daumendicke Tranchen schneiden.
③ Die Tranchen mit Mehl abstäuben.
④ Das Ei mit etwas Wasser aufrühren.
⑤ Nüsse und Weißbrot vermengen.
⑥ Die Leberstreifen zunächst durchs Ei ziehen und dann im Nuss-Brot-Mehl panieren.
⑦ Die panierten Tranchen kurz im Butterschmalz von beiden Seiten goldgelb anbraten.
⑧ Dann im vorgeheizten Ofen bei 160 °C insgesamt 5 Min. auf den Punkt gar ziehen lassen.

Achtung: zu lange und vollständig durchgegarte Leber wird sehr trocken und fest.

Garnitur:
① Die Butter mit den gemahlenen Walnüssen verrühren.
② Alles mit Salz abschmecken.
③ Danach mit einem Spritzbeutel auf die Pumpernickelscheibchen spritzen (dressieren).
④ Die Walnussbutterbrote mit Walnussstücken und Zitronenmelisse garnieren.

Weiterverarbeitung:
① Die warme Leber in Streifen aufschneiden.
② Die Leberstücke zusammen mit dem Sellerie-Apfel-Salat und den Pumpernickelscheiben anrichten.

Zutaten:
(Mengen für 8 Personen)

Salat:
350 g Knollensellerie
350 g saure Äpfel (Boskop)
Saft einer Zitrone
150 g Crème fraîche
1/4 l Sahne
etwas Salz
etwas Zucker
etwas weißen Pfeffer
aus der Mühle
30 g Walnüsse

Wildbret:
600 g Hirschleber
1/4 l Buttermilch
Mehl zum Abstäuben der Leber
1 frischs Ei
60 g geriebenes Weißbrot
50 g geriebene Haselnüsse
100 g grob gehackte Mandeln
Butterschmalz zum Braten
etwas Salz
etwas Pfeffer aus der Mühle

Garnitur:
40 g Walnüsse
130 g Butter
Pr. Salz
8 kleine runde Scheiben
Pumpernickel
Zitronenmelisse zur Dekoration

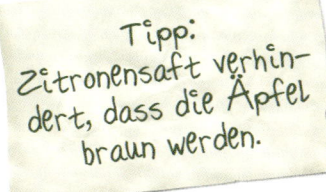

Tipp:
Zitronensaft verhindert, dass die Äpfel braun werden.

Pudding von der Rehleber

auf Hagebuttenschaum

Zubereitung:

Das Fleisch:

① Die gewässerte Rehleber ggf. von Adern und Bindegewebe befreien.

② Dann die Rehleber und den Speck in Würfel schneiden.

③ Die Würfel mit dem Portwein und den Kräutern 1/2 Tag marinieren.

④ Danach alles auf ein Sieb geben, die Marinade ablaufen lassen und aufheben.

⑤ Den Speck in einer Pfanne auslassen.

⑥ Die Schalotten ebenfalls in Würfel schneiden.

⑦ Die Leber- und Schalottenwürfel im Speck kurz scharf anbraten.

⑧ Dann das Ganze mit der Marinade ablöschen und kalt stellen.

Der Rehleberpudding:

① Die Butter erwärmen und handwarm abkühlen lassen.
② Die abgekühlte Leber, den Speck, die Schalotten sowie die Marinade (ohne Kräuter!) in der Schneidemaschine zerkleinern.
③ Die Eigelbe schaumig schlagen.
④ Unter die Fleisch-/Schalotten-Masse nach und nach die aufgerührten Eigelbe, die Butter und die flüssige Sahne rühren.
⑤ Die Masse abschmecken.
⑥ Dann damit die ausgebutterten Förmchen füllen und abgedeckt bei 150 °C im Wasserbad 20 Minuten gar ziehen lassen (pochieren).

Tipp: Als Wasserbad können Sie ein tiefes Kuchenblech oder einen Gansbräter verwenden. Füllen Sie kochendes Wasser ein und legen Sie unter die Förmchen ein Stück Papier ins Wasser. Dies verhindert eine starke Blasenbildung im Kochwasser, die zum Umfallen einzelner Förmchen führen kann.

Der Hagebuttenschaum:

① Die Zutaten mit dem Purierstab aufrühren.
② Alles nach Geschmack mit Salz, Zucker, schwarzem Pfeffer abschmecken.

Weiterverarbeitung:

① Den Hagebuttenschaum als Spiegel auf den Teller geben und mit einigen Salatblättern garnieren.
② Den Rehleberpudding darauf stürzen.

Zutaten:
(Mengen für 8 Personen)

Wildbret:
150 g Rehleber
50 g Grüner Speck
30 ml Portwein
1 kl. Zweig frischer Majoran
1 kl. Zweig frischer Thymian

Leberpudding:
30 g Schalotten
30 g Butter
$1/4$ l Sahne
4 frische Eigelb
Salz nach Belieben
schwarzer Pfeffer aus der
    Mühle

Hagebuttenschaum:
$1/4$ l dunkler Fleischfond
    (Kalb, Geflügel)
30 ml Portwein
100 g Hagebuttenmark
Salz
Zucker
schwarzer Pfeffer

Dekoration:
Salatblätter (z. B. Eichblatt)
    zum Garnieren

Rehfilet im Strudelteig
auf Zwiebelmarmelade

Zubereitung:

Strudelteig:
① Das Mehl in eine Schüssel sieben.
② Mit den weiteren Zutaten vermengen.
③ Den Teig besonders stark kneten.
④ Dann 30 Minuten gut abgedeckt ruhen lassen.
⑤ Auf einem bemehlten Tuch ausrollen und hauchdünn ausziehen.

Tipp: Der Teig ist sofort zu verarbeiten. Er darf nicht abtrocknen, sonst reißt er!

Wildbret:
① Das Rehfilet gut von Sehnen und Fett befreien (parieren).
② Danach in heißem Fett kurz scharf anbraten.
③ Das Fleisch kalt stellen.

Füllung:

1. Den Lauch und die (entstrunkten) Mangoldblätter kurz in Salzwasser kochen und in Eiswasser abschrecken.
2. Die Mangoldblätter beiseite stellen.
3. Das Lauch in feine Streifen schneiden.
4. Die Champignons hacken.
5. Speck, Champignons und Lauchstreifen anrösten.
6. Alles mit Sahne ablöschen und etwas einkochen lassen.
7. Dann die Pfanne vom Herd ziehen und das geriebene Weißbrot untermengen.
8. Im abgekühlten Zustand noch das Eigelb unterrühren.
9. Dann die gehackte Petersilie dazugeben.
10. Die Masse mit den Gewürzen abschmecken.

Weiterverarbeitung:

1. Den Teig auf der ersten Hälfte mit Mangoldblättern belegen.
2. Die Blätter werden dann mit der Füllung bestrichen.
3. Das erkaltete Filet salzen, auf die Füllung setzen und alles im Teig einrollen.
4. Die Nahtstellen mit der Ei-Sahne-Mischung (Legierung) verkleben.
5. Die Teigrolle ebenfalls mit der Legierung abpinseln.
6. Bei 200 °C 15 Min. im vorgeheizten Ofen backen.

Zwiebelmarmelade:

1. Die Zwiebel in feine Würfel schneiden.
2. Die Zwiebelwürfel mit dem Wildfond einkochen lassen.
3. Alles mit Rotwein (einen Rest verwahren!) und Essig ablöschen und wiederum stark einkochen.
4. Honig und Senf hinzugeben.
5. Die Speisestärke mit dem Rest Rotwein anrühren.
6. Den Fond mit dem Rotwein-Speisestärke-Gemisch leicht binden.
7. Die fertige Zwiebelmarmelade mit einer Scheibe des warmen Strudels anrichten.
8. Mit frischem Majoran garnieren.

Zutaten:
(Mengen für 6 Personen)

Strudelteig:
250 g Mehl
1 frisches Ei
25 g Öl
1/8 l lauwarmes Wasser
1 Pr. Salz
etwas Mehl zum Ausrollen

Wildbret:
350 g Rehfilet
etwas Butterschmalz
   zum Anbraten
Pfeffer aus der Mühle

Füllung:
100 g Lauch
150 g Mangold-Blätter
   (groß + entstrunkt)
etwas Salz
200 g Champignons
20 g fetter Speck
40 g Sahne
100 ml Weißbrotkrume
2 frische Eigelb
etwas frische Blattpetersilie
Salz + Pfeffer nach Geschmack
1 frisches Eigelb
50 ml Sahne
Backpapier

Zwiebelmarmelade:
400 g rote Zwiebeln
1/8 l dunkler Wildfond
1/4 l Rotwein
50 ml Rotweinessig
1 EL Honig
1 TL Senf
etwas Salz
etwas Zucker
etwas schwarzen Pfeffer
aus der Mühle
1 Zweig frischen Majoran
   zum Garnieren
etwas Speisestärke
   zum Nachbinden

Sülze von Waldpilzen

auf Kräutersauerrahm

Zubereitung:

Wildsülze:

① Pilze säubern und vom Schwamm (Röhren) befreien.

Tipp: Pilze sollten bei dieser Rezeptur stets vom Schwamm befreit werden, denn er oxidiert schnell und die Sülze würde unappetitlich dunkel aussehen!!

② Die Pilze in gleichmäßige, mundgerechte Scheiben schneiden.

③ Den milden Gemüsefond zum Kochen bringen.

④ Die Gewürze und den Essig zufügen.

⑤ Am Kochpunkt dann die Pilze darin 15 Minuten gar ziehen lassen.

⑥ Während des Garziehens abschäumen, damit die Brühe nicht trüb wird.

⑦ Zwiebeln und Gemüse (Möhren, Lauch, Sellerie) in feine Würfel schneiden.

⑧ Die Gemüse-Würfel in Salzwasser blanchieren und in Eiswasser abschrecken, damit die Farbe erhalten bleibt.

⑨ Pilze, Gemüse und Kräuter in eine Kastenform schichten.

⑩ Den Fond vorsichtig durch ein Tuch passieren, damit er nicht trübe wird.

Tipp: Wildfond für Sülze muss kräftig abgeschmeckt werden, weil die Sülze beim Abkühlen an Geschmack verliert!

⑪ Die Gelatine 5 Minuten in kaltem Wasser einweichen, gut ausgedrückt in den klaren, warmen Fond zum Auflösen geben.

⑫ Den etwas ausgekühlten Fond über die Pilze und das Gemüse geben.

⑬ Die Sülze im Kühlschrank gut durchkühlen lassen.

Kräuterrahmsoße:

① Den Sauerrahm mit Zitronensaft und Sahne aufrühren.

② Alles mit Zitrone und Gewürzen gut abschmecken.

③ Die Spinatblätter entstrunken, in Salzwasser kochen und gut abschrecken.

④ Den Spinat ausdrücken, mit einem Purierstab zerkleinern und durch ein Sieb streichen.

⑤ Zusammen mit den restlichen Kräutern (Estragon + Kerbel) unter die Sauerkrem heben.

Garnitur:

① Die 8 kleinen Steinpilze in Scheiben schneiden,

② Dann kurz in Walnussöl dünsten.

③ Eine Vinaigrette herstellen: Zwiebeln fein würfeln und zusammen mit dem Essig, dem Senf und den Gewürzen aufrühren. Nach und nach das Walnussöl unterschlagen. Alles gut abschmecken.

④ Die gedünsteten Steinpilzscheiben auf dem Teller als Garnitur anrichten.

⑤ Die Scheibchen werden mit der Vinaigrette mariniert sowie mit Kerbel garniert.

⑥ Vor dem Stürzen die Kastenform kurz in heißes Wasser halten (ohne dass Wasser an die Sülze gelant!). So lässt sich die Sülze leichter aus der Form stürzen.

⑦ Mit einem sehr scharfen Messer die Sülze vorsichtig in Scheiben schneiden und zusammen mit der Sauerkrem anrichten.

Zutaten:
(Mengen für 8 Personen)

Wild-Sülze:
750 g frische Waldpilze:
- Steinpilze
- Pfifferlinge
- Maronenröhrlinge
- Birkenpilze

1/2 l klarer, milder Gemüsefond
1 Lorbeerblatt
Pr. fein gemahlenes Piment
1/8 l Essig
etwas Salz
etwas Zucker
etwas Pfeffer aus der Mühle
etwas Thymian
etwas Estragon
etwas Kerbel
40 g Zwiebeln
150 g Möhren
100 g Lauch
50 g Sellerie
10 Bl. weiße Gelatine

Kräutersauerrahm:
350 g Sauerrahm
50 ml Sahne
1 Zitrone
etwas Salz
etwas Zucker,
etwas weißer Pfeffer aus der Mühle
100 g entstrunkte Spinatblätter
25 g fein gehackten Estragon und Kerbel

Garnitur:
8 kl. Steinpilze
etwas Salz
Walnussöl zum Dünsten
30 g Zwiebeln
50 ml Essig (z.B. Balsamico)
Msp. Senf
etwas Salz
etwas Zucker
etwas Pfeffer aus der Mühle
150 ml Walnussöl
Kerbelzweige zum Garnieren

Sülze vom Wildkaninchen

Zubereitung:
① Das Kaninchen in Keule, Blätter, Rücken, Hals und Rippen zerlegen.
② Die Stücke fein säubern.
③ Dann in einen großen Kochtopf mit kochendem Wasser geben und am Kochpunkt garziehen lassen.
   Tipp: Zu starkes Kochen trübt den Fond und die Sülze verliert ihre appetitliche Transparenz!
④ Den Schaum, der sich auf der Oberfläche ansammelt, abschöpfen.
⑤ Die Zwiebel und die im Mörser gestoßenen Gewürze (Lorbeerblätter, Pfeffer, Nelken) in das Kochwasser geben.
⑥ Alles bei mittlerer Temperatur 1 Std. köcheln lassen.
⑦ Anschließend das Wildbret aus der Brühe nehmen und abkühlen lassen.

⑧ Von der Brühe einen 3/4 l abschöpfen und gut entfetten.

⑨ Das in Würfel geschnittene Gemüse (Sellerie, Möhren, Lauch) und die Pilze in dieser Brühe bissfest garen.

⑩ Unterdessen das erkaltete Wildbret von den Knochen lösen und in mundgerechte Stücke schneiden und zusammen mit dem Gemüse in eine Form schichten

⑪ Die Brühe mit Salz und frisch gemahlenem Pfeffer abschmecken.

⑫ Dann die Brühe durch ein feinmaschiges Tuch seihen.

⑬ Gelatine etwa 5 Minuten in kaltes Wasser einweichen.

⑭ Die Brühe mit dem Weißwein und dem Zitronensaft anreichern.

⑮ Es kann auch etwas Zucker und Weinessig beigefügt werden.

⑯ Nochmals die Brühe erhitzen.

⑰ Nun die Gelatineblätter gut ausdrücken und in der warmen Brühe auflösen.

⑱ Aus optischen und geschmacklichen Gründen können in die weiche, warme Sülze noch die Erbsen eingefügt werden

⑲ Fleisch und Gemüsewürfel mit der Brühe aufgießen und kalt stellen.

Servieren:

① Wenn die Sülze erkaltet und fest geworden ist, kann sie auf eine Platte gestürzt und angeschnitten werden.

② Mit Bratkartoffeln, angemachtem Quark oder Remouladensoße serviert schmeckt sie sehr lecker.

Zutaten:

1 Kaninchen (ohne Kopf)
1 Petersilienwurzel
100 g Stangenporree
50 g Sellerieknolle
1 Gewürzzwiebel
100 g Möhren
2 Lorbeerblätter
5 weiße Pfefferkörner
2 Gewürznelken
1 weitere Gewürzzwiebel
125 g Pilze (Maronen, Steinpilze oder Champignons)
$1/8$ l Weißwein
2 EL Zitronensaft
ggf. 1 Pr. Zucker
$1/8$ l Weinessig
$3/4$ l von dem Kochfond
14 Blatt Gelatine
ggf. Gemüseerbsen
ggf. Kräuterquark (Quark,
  Sahne, Zitronensaft, Salz,
  Pfeffer, Zucker, Estragon,
  Kerbel, Petersilie)

Hinweis: Wildkaninchen haben nur dann den gefürchteten, strengen Geschmack, wenn beide Duftdrüsen, die neben der Blumenwurzel sitzen, nicht säuberlich entfernt werden!

Suppen

Erlesene Hirschsuppe

Zubereitung:

① Man nimmt am besten Hirschfleisch aus Nacken und Blatt.
② Das ausgelöste Fleisch ggf. enthäuten, von Sehnen befreien und in kleine Stücke schneiden.
③ Dann das Wildbret kurz mit heißem Wasser überbrühen, abspülen und gut abtrocknen.
④ Den Speck würfeln und in einem Topf auslassen.
⑤ Die Zwiebeln in Scheiben schneiden und mit dem Speck anbraten.
⑥ Zwiebeln und Speck mit Paprika bestäuben und umrühren.
⑦ Einige Löffel Wasser hinzugeben.
⑧ Dann alles einkochen lassen, bis das Wasser verdunstet ist.
⑨ Dann werden auch die Hirschstückchen hinzugegeben.
⑩ Alles salzen, pfeffern und etwas Majoran beifügen.
⑪ Die Masse mit etwas Wasser aufgießen, zudecken und schmoren.
⑫ Ab und zu alles umrühren.
⑬ Jedesmal wenn das Wasser eingekocht ist, wieder etwas Wasser hinzugeben.
⑭ Zwischenzeitlich die Möhren, Rüben, Kartoffeln und Tomaten in kleine Würfel schneiden.
⑮ Die Möhren- und Rübenwürfel in heißem Salzwasser kochen.
⑯ Die Knoblauchzehe mit dem Kümmel zerstoßen.
⑰ Sobald das Fleisch gar ist, die Kartoffel-, Paprika- und Tomatenwürfel, den zerriebenen Knoblauch und Kümmel sowie die vorgekochten Rüben hinzugeben.
⑱ Alles mit Wasser auffüllen, durchrühren und mit Salz abschmecken.
⑲ Dann solange kochen lassen, bis die Kartoffeln, das Fleisch und das Gemüse gut weich sind.

Servieren:

① Die sehr heiße Suppe in eine Terrine oder in tiefe Teller geben.
② Die Petersilie hacken und damit die Suppe bestreuen.
③ Die zurückbehaltenen Ringe, grünes Paprika sowie die Tomatenscheiben zum Garnieren verwenden.
④ Dann gleich servieren.

Zutaten:
(Mengen für 6 Personen)

600 g schieres Hirschfleisch
heißes Wasser
100 g Räucherspeck
100 g Zwiebeln
15 g edelsüßen Paprika
etwas Salz
1 Prise weißen Pfeffer
1 Prise Majoran
100 g Möhren
50 g weiße Rüben
500 g Kartoffeln
2 Tomaten
1 Knoblauchzehe
1 Prise Kümmel

Garnitur:
etwas Petersilie

Eskariolsuppe
mit Rehhaxe

Eskariolsuppe
mit Rehhaxe und Morcheln

Zubereitung:

Einlage:

① Die Morcheln über Nacht einweichen.
② Die Tomaten einritzen, kurz blanchieren, abziehen, entkernen und in Würfel schneiden.
③ Die Rehhaxe in Scheiben sägen, salzen und Haxen anbraten.
④ Dann das Gemüse zugeben und mitbraten.
⑤ Das Tomatenmark und die Tomatenreste nur kurz mitschwitzen.
⑥ Alles mit Rotwein ablöschen.
⑦ Die Morcheln über ein feines Sieb abgießen und den Fond auffangen.
⑧ Die Morcheln in Streifen schneiden.
⑨ Den Fond zusammen mit den Morchelstreifen zu den Haxen geben.
⑩ Alles nach Geschmack würzen und im geschlossenen Topf 1 bis 1½ Std. bei niedriger Temperatur im Ofen (150 °C) schmoren.
⑪ Danach das Fleisch warm stellen.
⑫ Den Soßenansatz durch ein Sieb geben und einkochen.
⑬ Zum Schluss die Haxe mit der Soße glasieren.

Suppe:

① Den Endiviensalat waschen, in Salzwasser blanchieren und gut abschrecken.
② Danach den Salat durch die feine Scheibe des Fleischwolfes geben.
③ Dann die (ausschließlich) weißen Teile der Frühlingszwiebeln in feine Streifen schneiden.
④ Die Zwiebelstreifen zusammen mit dem zerdrückten Knoblauch in Butter anschwitzen.
⑤ Dann mit der Brühe auffüllen.
⑥ Die Speisestärke mit etwas kalter Brühe anrühren und die heiße Suppe damit leicht binden.
⑦ Erst kurz vor dem Servieren den zerkleinerten Salat in die Suppe geben und mit den Gewürzen abschmecken.
⑧ Die Suppe in tiefe Teller füllen, glasierte Haxen in die Suppe setzen und mit dem Tomatenfleisch garnieren.

Zutaten:
(Mengen für 4 Personen)

Einlage:
20 g getrocknete
        Spitzmorcheln
2 Tomaten
600 g Rehhaxe
etwas Butterschmalz zum
Anbraten
30 g Zwiebeln
50 g Möhren
50 g Sellerie
30 g Tomatenmark
etwas Lorbeer
etwas Thymian
etwas Salz
etwas Pfeffer aus der
Pfeffermühle
¼ l Rotwein

Suppe:
1 Kopf Endiviensalat (Eskariol)
    (ca. 500 g ohne Strunk)
100 g Frühlingszwiebeln
    (nur das Weiße)
1 Zehe Knoblauch
20 g Butter
½ l Rinderbrühe
20 g Speisestärke
100 g Tomaten
etwas Salz
etwas Pfeffer
etwas Zucker
etwas Muskat

Hagebutten-Suppe

Zutaten:

(Mengen für 4 Personen)

400 g Kleine oder Große
    Hagebutten
$3/4$ l Apfelsaft
$1/4$ l halbtrockenen Weißwein
2 Zwieback
150 g Zucker
1 Kaneelstange oder
    Zimtstange
Schale 1 unbehandelten
Zitrone

Zubereitung:

① Große oder Kleine Hagebutten putzen und entkernen.
② Die Früchte im Apfelsaft zusammen mit einer Kaneelstange kochen.
③ Alles durch ein feines Sieb streichen und zusammen mit dem Weißwein aufkochen.
④ Mit Zucker und Zitronenschale abschmecken.
⑤ Den Zwieback reiben und in die heiße Suppe rühren.

Hervorragende Ringeltaubenbrühe
nach Prof. Dr. Vauk

Zutaten:

(Mengen für 2 Personen)

Man rechnet für jede Person eine Taube, für Kinder ein halbes Ringeltäubchen

Taubenbrühe:
2 Ringeltauben
1 l Wasser
2 Stangen Porree (100 g)
1 Knolle Sellerie (50 g)
2 Mohrrüben (100 g)
1 Petersilienwurzel oder Petersilienkraut nach Geschmack
etwas Salz
etwas Pfeffer

Beilage:
Reis oder Nudeln nach
    Geschmack

Tipp: Flügel und Schenkel haben zwar wenig Fleisch, dieses ist jedoch besonders schmackhaft.

Zubereitung:

Taubenbrühe:

① Man nehme die beiden „küchenfertigen" Tauben und nehme sie aus. Dabei sollten Magen und Herz jeweils bei der Taube belassen werden.
② In das Wasser den Porree, Sellerie, die Möhren und die Petersilie geben und zu einer Brühe kochen.
③ Alles mit Pfeffer und Salz abschmecken.

Tipp: Gewürzt wird ausschließlich mit Salz und Pfeffer. Nehmen Sie keine anderen Gewürze oder Gemüse in die Brühe. Sie würden den feinen Wildgeschmack der Tauben nur verfälschen.

④ Dann erst werden die Tauben zusammen mit den Herzen und Mägen in die Brühe gegeben.
⑤ Die Tauben müssen dann einige Zeit in dieser Brühe so vor sich hin köcheln.
⑥ Schaum und Fett regelmäßig abschöpfen.

Hinweis: Da man Ringeltauben in der Regel nicht ansieht, ob sie alt oder jung sind, kann die Garzeit recht unterschiedlich sein. Eine Taube mit ein paar

Tausend Flugstunden braucht zum Garwerden erheblich länger als ein einjähriger Flieger, macht dafür aber die Brühe um so geschmackvoller. So probiert man mit einem leichten Stich in das Brustfleisch, wann welche Taube gar ist, und nimmt diesen Vogel aus der Brühe. Das geht so lange, bis alle Tauben gar sind.

Servieren:
Zu der Ringeltaubenbrühe kann zusätzlich Reis oder Nudeln angeboten werden.

1. Variante der Weiterverarbeitung:

Taubenbrühe mit Einlage als Hauptmahlzeit

① Sobald das Taubenfleisch in der Brühe gar gekocht ist, werden die Tauben herausgenommen.
② Das Wildbret wird von den Knochen gelöst und mundgerechte Happen geschnitten.
③ Die Brühe wird erneut abgeschmeckt.
④ Die Fleischstückchen werden in die Brühe zu den Innereien zurückgegeben.
⑤ Die Suppe kann mit Reis, Nudeln oder auch mit einem nahrhaften Eierstich noch sättigender hergerichtet werden.

2. Variante der Weiterverarbeitung:

Aufgebratene Ringeltaube

① Während des Köchelns werden die ganzen Tauben noch bevor sie zu weich gegart sind aus der Brühe genommen. Mit einer Küchenschere entlang des Brustknochens und Rückgrats in zwei gleiche Hälften zerlegen.
② Die Hälften werden beidseitig mit Pfeffer und Salz etwas nachgewürzt und in reichlich Butter beidseitig einige Minuten gebraten, bis eine leichte Bräunung zu sehen ist.
③ Die so vorbereiteten Taubenhälften aus der Pfanne nehmen und warm stellen.
④ Das Mehl in die Butter sieben und gut anschwitzen.
⑤ Mit der Brühe auffüllen und mit etwas konzentriertem Wildfond abschmecken.

Servieren:
① Die klare Taubenbrühe wird schön heiß als Vorsuppe mit einer Scheibe Weißbrot gereicht.
② Zu den Tauben passen im Herbst hervorragend gebratene Waldpilze, aber auch Gemüse aller Art von grünen Bohnen bis Leipziger Allerlei. Salzkartoffeln sind ein Muss.

Tipp: Um den Geschmack der Tauben nicht zu verfälschen, sollten der Reis oder die Nudeln separat und nicht in der Brühe gekocht werden. Die Beilagen würden zudem die Brühe eintrüben.

Zutaten:

Einlage bzw. Beilage:
Reis oder Nudeln nach Geschmack
Eierstich nach Geschmack

Zutaten:
(Mengen für 2 Personen)

Taubenbrühe:
2 Ringeltauben
1 l Wasser
2 Stangen Porree (100 g)
1 Knolle Sellerie (50 g)
2 Mohrrüben (100 g)
1 Petersilienwurzel oder
    Petersilienkraut nach
    Geschmack
etwas Salz
etwas Pfeffer
Butter zum Anbraten
Weizenmehl

Beilage:
Reis oder Nudeln nach Geschmack

Kartoffel-Steinpilz-Topf
mit Wildschinken

Zubereitung:

① Die Kartoffeln schälen und in feine Würfel schneiden.

② Die frischen Steinpilze ohne Wasser reinigen, von besonders dunklen Druckstellen und Röhren befreien sowie in Scheiben schneiden.

③ Die Zwiebeln in Würfel schneiden.

④ Die Butter in einem Topf erhitzen und die Zwiebelwürfel darin glasig dünsten.

⑤ Die geschnittenen Kartoffeln und $1/3$ der Steinpilze dazu geben und ebenfalls kurz anschwitzen.

⑥ Alles mit Salz, weißem Pfeffer und ganz wenig Zucker würzen.

⑦ Danach das Mehl darüber stäuben und unterrühren.

⑧ Nun wird etwas Gemüsebrühe hinzugegossen.

⑨ Die Flüssigkeit zum Kochen bringen und sieden lassen, bis die Kartoffeln gar sind.

⑩ Den Ansatz durch ein Sieb streichen oder mit einem Pürierstab zerkleinern.

⑪ Erst jetzt wird der Wein in die Suppe gegeben und alles noch einmal erhitzt.

⑫ Die restlichen Steinpilze in die Suppe geben und ca. 15 Minuten gar ziehen lassen.

Servieren:

① Kurz vor dem Servieren wird die geschlagene Sahne vorsichtig unter die Suppe gegeben.

② Alles in einer vorgewärmten Terrine oder einem Steinguttopf anrichten.

③ Den Wildschinken in sehr dünne Scheiben schneiden.

④ Die Suppe dekorativ mit den Schinkenscheiben und einigen Blättern Blattpetersilie garnieren.

Zutaten:

(Mengen für 4 Personen)

250 g mehlig kochende Kartoffeln

300 g frische oder tiefgefrorene Steinpilze

1 Zwiebeln

20 g Butter

etwas Salz

etwas weißen Pfeffer

etwas Zucker

20 g Mehl

$3/4$ l Gemüsebrühe

0,1 l trockenen Weißwein

0,2 l Sahne

30 g Wildschinken vom Hirsch oder Wildschwein

einige Blättchen Blattpetersilie

Klare Wildkraftbrühe

mit Steinpilzklößchen und Bärlauch

Zutaten:

(Mengen für 4 Personen)

Suppe:

500 g Wildknochen

400 g Haxenfleisch

Butterschmalz zum Anbraten

30 g Sellerie

50 g Möhren

50 g Lauch

etwas Salz

etwas Lorbeer

Msp. 1 unbehandelten, fein geriebenen Apfelsinenschale

1/8 l Rotwein

1 l Wildfond

2 EL Portwein

Weitere Zutaten siehe nächste Seite!

Zubereitung:

Suppe:

1. Die Wildknochen fein zerhacken – am besten gleich zerhackt kaufen.
2. Das Haxenfleisch in Würfel schneiden.
3. Die Möhren und den Sellerie ebenfalls in Würfel schneiden.
4. Die zerhackten Knochen mit den Haxenstücken in Butterschmalz scharf anbraten.
5. Die Gemüsewürfel dazu geben und Farbe nehmen lassen.
6. Auch das Lauch hinzugeben. Dabei ist darauf zu achten, dass dieser nicht verbrennt.
7. Dann die Temperatur etwas reduzieren.
8. Alles mehrfach mit Wasser ablöschen und sirupartig einkochen lassen.

Tipp: Beim Einkochen ist darauf zu achten, dass der Ansatz nicht verbrennt. Ansonsten wird die Suppe bitter.

9. Danach wird der Sud mit Wein abgelöscht und mit dem Wildfond aufgefüllt.
10. Abschließend werden die Gewürze und die Apfelsinenschale zugegeben.
11. Dies alles lässt man nun 2 Std. am Siedepunkt köcheln. Dabei ist laufend der Schaum und das Fett abzuschöpfen.
12. Danach wird die Suppe vorsichtig durch ein Tuch gegeben.
13. Die geseihte Suppe etwas einkochen lassen.
14. Alles mit Portwein abschmecken.

Einlage:

① Wenn frische Steinpilze verwendet werden, sind diese in feine Würfel zu schneiden und kurz anzubraten. Getrocknete Steinpilze sind hingegen am vorherigen Tag in wenig Wasser einzuweichen. Das Einweichwasser durch ein Teesieb in die Suppe geben.

② Das Wildfleisch kurz einfrieren und anschließend mit einer elektr. Schneidemaschine zerkleinern.

③ Das Weißbrot in Eigelb und flüssiger Sahne einweichen.

④ Das eingeweichte Brot zusammen mit den abgekühlten Pilzen (falls frische verwendet wurden!) unter die Fleischmasse rühren.

⑤ Alles abschmecken.

⑥ Aus dieser Wildfleisch-Masse kleine Klöße formen und separat in Salzwasser oder etwas Fond gar ziehen lassen.

c) Servieren:

① Die Suppe in vorgewärmten Tellern zusammen mit den Klößen anrichten.

② Das Bärlauch schneiden und die Suppe damit garnieren.

weitere Zutaten:

Einlage:

100 g schieres Wildfleisch

1 frisches Ei

2 EL Sahne

$1/2$ Scheibe Weißbrot ohne Rinde (z. B. Toast)

100 g frische oder 30 g getrocknete Steinpilze

etwas Salz

etwas Pfeffer

einige Stängel Bärlauch

Kürbissuppe
mit gekräuterten Filetstreifen vom Wildschwein

Zubereitung:

Suppe:
1. Das Kürbisfleisch in Würfel schneiden.
2. Die Kürbiswürfel zusammen mit den Zwiebeln in Butter anschwitzen.
3. Honig und Gewürze zugeben und kurz mitschwitzen.
4. Alles mit dem Essig ablöschen und mit der Brühe auffüllen.
5. Die Kürbissuppe 15 Minuten kochen.
6. Dann mit dem Pürierstab zerkleinern und durch ein Sieb streichen.
7. Die Masse nachschmecken.
8. Die Sahne schlagen und kurz vor dem Servieren unter die Suppe geben.

Einlage:
1. Das Wildschweinfilet parieren und in gleichmäßige Streifen schneiden.
2. Die Streifen mit den Gewürzen abschmecken.
3. Dann das Wildbret mit Mehl abstäuben.
4. Das Ei trennen und das Eiweiß mit etwas Wasser durchschlagen.
5. Die Kräuter genauso wie die Brotkrume fein hacken.
6. Die klein gehackten Kräuter und die Brotkrume miteinander mischen.
7. Dann die Filetstreifen durch das Eiweiß ziehen und mit Kräuter-Brot-Mischung panieren.
8. Das Butterschmalz in eine heiße Pfanne geben, die panierten Filetstreifen hinzugeben und bei mäßiger Temperatur braten.

Weiterverarbeitung:
1. Die Suppe in einem tiefen Teller anrichten.
2. Die Kräuterfiletstreifen auf die Suppe geben.

Zutaten:
(Mengen für 4 Personen)

Suppe:
350 g Kürbisfleisch
30 g Zwiebeln
Butter zum Anschwitzen
1 Esslöffel Honig
Prise Curry
Prise Cayennepfeffer
Prise Salz
Prise Zucker
2 EL Zitronenessig
$1/2$ l Gemüsebrühe
0,2 l süße Sahne

Einlage
120 g Wildschweinfilet (pariert)
etwas Salz
etwas Pfeffer
etwas Mehl zum Abstäuben
1 frisches Ei
30 g Estragon, Thymian, Blattpetersilie
30 g Weißbrotkrume
etwas Butterschmalz zum Braten

Pfifferlingsessenz
mit Schinkenwickeln

Pfifferlingsessenz mit Schinkenwickeln

Zubereitung:

Einlage:

① Aus einem Ei, dem Mehl und der Milch einen Crêpe-Teig herstellen.
② Den Teig mit Salz und Muskat abschmecken.
③ Dann daraus zwei Crêpes herstellen.
④ Den Spinat blanchieren und kalt abschrecken, damit die Farbe erhalten bleibt.
⑤ Den Schinken, ein Eigelb und die Brotscheibe in einer elektron. Schneidemaschine zerkleinern.
⑥ Die Sahne unterrühren.
⑦ Alles mit Pfeffer abschmecken.
⑧ Die beiden Crêpes mit den Spinatblättern belegen und mit der Schinkenmasse bestreichen.
⑨ Dann die Crêpes einrollen und in Salzwasser am Kochpunkt gar ziehen lassen.
⑩ Die gegarten gefüllten Crêpes erst kurz vor dem Servieren in Tranchen schneiden.

Suppe:

① Speck in einem Topf auslassen.
② Die Pfifferlinge klein schneiden und anbraten.
③ Den Knoblauch zerdrücken.
④ Das Gemüse und die Zwiebeln in feine Würfel schneiden.
⑤ Auch die Gemüsewürfel, Zwiebeln und den Knoblauch kurz anschwitzen.
⑥ Alles mit Rotwein ablöschen und mit dunklem Fond auffüllen.
⑦ Diese Brühe 20 Min. am Siedepunkt ziehen lassen, abschäumen und entfetten.
⑧ Anschließend den Speck entnehmen.
⑨ Die entstandene Suppe erst kurz vor dem Servieren mit Madeira abschmecken.
⑩ Zum Schluss die Schinkenwickel hinzugeben.
⑪ Alles mit frisch gehackter Petersilie servieren.

Zutaten:

(Mengen für 4 Personen)

Einlage:

2 frische Eier
30 g Mehl
60 ml Milch
etwas Salz
etwas Muskat
50 g Spinat ohne Strunk
50 g geräucherter Schinken (Holsteiner)
1/2 Scheibe entrindetes Weißbrot (z. B. Toast)
2 EL Sahne
etwas Pfeffer

Suppe:

30 g geräucherter Speck
300 g Pfifferlinge
30 g Zwiebeln
je 30 g Möhre, Sellerie, Lauch
je nach Geschmack Salz, Pfeffer, Knoblauch
1/8 l Rotwein
3/4 l dunkler Wildfond (klar)
einige Spritzer Madeira
30 g Petersilie

Rotkrautsuppe
mit Rehfiletstreifen

Rotkrautsuppe
mit Rehfiletstreifen und Pfeffersauerrahm

Zubereitung:

Suppe:
1. Das Rotkraut in feine Streifen schneiden.
2. Die Rotkrautstreifen zusammen mit den Zwiebeln in Butter anschwitzen.
3. Den Ansatz mit den Gewürzen gut durchdünsten.
4. Alles mit Essig und Rotwein ablöschen und mit Rinderbrühe auffüllen.
5. Das Lorbeerblatt entfernen.
6. Dann 15 Minuten kochen lassen.
7. Den Apfel schälen, in Streifen schneiden und kurz mitgaren lassen.
8. Die Speisestärke mit etwas Rotwein anrühren.
9. Suppe leicht mit dieser Stärke-Rotwein-Aufschlämmung binden.

Einlage:
1. Das Rehfilet in dünne Scheiben schneiden, salzen, pfeffern und kurz in der Suppe gar ziehen lassen.
2. Die Pfefferkörner im Mörser zerstoßen.
3. Den Sauerrahm mit etwas Salz und den zerriebenen Pfefferkörnern würzen.
4. Erst kurz vor dem Servieren wird auch der Sauerrahm in die Suppe gegeben.

Zutaten:
(Mengen für 4 Personen)

Suppe:
300 g Rotkraut (ohne Strünke)
50 g Zwiebeln
20 g Butter
1/2 Lorbeerblatt
Prise gemahlener Piment
etwas Zimt
etwas schwarzer Pfeffer aus der Mühle
50 ml Apfelessig
100 ml Rotwein
25 g Speisestärke
2/3 l Rinderbrühe
1 Apfel (Boskop)

Einlage:
120 g Rehfilet
etwas Salz
ein paar schwarze gestoßene Pfefferkörner
60 g Sauerrahm
etwas Salz

Schaumsüppchen
von frischen
Steinpilzen

Schaumsüppchen
von frischen Steinpilzen mit Hirschschinken

Zubereitung:

Suppe:

① 250 g der Steinpilze klein schneiden.
② Die Zwiebeln in feine Würfel schneiden.
③ Die Steinpilz- und die Zwiebelstückchen zusammen in der Butter anschwitzen.
④ Etwas Salz und einige Zitronenspritzer zugeben.
⑤ Das Mehl darüber sieben und alles gut ausschwitzen.
⑥ Dann mit Gemüsebrühe auffüllen.
⑦ Anschließend 15 Min. den Mehlgeschmack auskochen.
⑧ Alles mit dem Pürierstab zerkleinern und durch ein Sieb streichen.
⑨ Die dadurch entstandene Suppe mit Salz, Zucker und Pfeffer kräftig abschmecken.
⑩ Die Sahne schlagen und kurz vor dem Servieren mit dem Schneebesen unterheben.

Einlage:

① Die Crème fraîche sowie die Blattpetersilie mit dem Schneidestab aufarbeiten.
② Diese Crème mit etwas Salz und Pfeffer würzen.
③ Dann kleine ovale Klößchen mit dem Löffel formen und auf die Suppe setzen.
④ Die Scheiben des Hirschschinkens in dünne Streifen schneiden und auf die Suppe geben.

Zutaten:
(Mengen für 4 Personen)

Suppe:
350 g Steinpilze
30 g Zwiebeln
20 g Butter
etwas Salz
etwas Zitrone
20 g Mehl
$1/2$ l Gemüsebrühe
$1/4$ l süße Sahne

Einlage:
60 g Crème fraîche
20 g Blattpetersilie
etwas Salz
etwas Pfeffer
4 dünne Scheiben
   Hirschschinken

Wildrahmsuppe
mit Walderdbeeren und grünem Pfeffer

Zutaten:

(Mengen für 4 Personen)

Suppe:

750 g Wildknochen

200 g schieres Wildfleisch
    vom Blatt

30 g Sellerie

50 g Möhren

50 g Lauch

Butterschmalz zum Anbraten

40 g Tomatenmark

etwas Wasser

60 g Mehl

etwas Salz

etwas eingelegten grünen
    Pfeffer

*Weitere Zutaten
siehe nächste Seite!*

Zubereitung:

1. Die Wildknochen zerhacken – oder bereits fertig zerhackt kaufen.
2. Das Wildblatt ggf. von Sehnen und Fett befreien.
3. Das Wildbret (Knochen wie Fleisch) salzen und zusammen mit den Knochen im Butterschmalz scharf anbraten.
4. Den Sellerie und die Möhren in Würfel schneiden.
5. Die Gemüsewürfel zum Wildbret geben, damit es Farbe annimmt.
6. Auch das Lauch hinzugeben. Dabei jedoch darauf achten, dass es nicht verbrennt.
7. Dann ist die Temperatur etwas zu reduzieren.
8. Nun sollten das Tomatenmark und die Gewürze in den Ansatz gegeben werden.
9. Die Masse wird wiederholt mit Wasser oder Brühe abgelöscht.
10. Alles so lange köcheln lassen, bis es sirupartig eingekocht ist.

Tipp: Beim Einkochen ist darauf zu achten, dass der Ansatz nicht verbrennt. Ansonsten würde die Suppe bitter schmecken.

Wildrahmsuppe
mit Wilderdbeeren

⑪ Wenn die Flüssigkeit ganz eingekocht ist, wird darüber Mehl gesiebt.

⑫ Der bemehlte Ansatz ist kurz durchzuschwitzen.

⑬ Abschließend wird dieser Röstansatz mit dem Rotwein und einem Liter Wasser oder Brühe abgelöscht.

⑭ Wenn diese Brühe 1 Std. vor sich hin geköchelt hat, wird das Fleisch entnommen.

⑮ Nun köchelt die Brühe alleine noch eine Stunde. Dabei ist laufend der Schaum und das Fett abzuschöpfen.

⑯ Dann erst wird die Suppe durch ein feines Sieb geschüttet.

⑰ Die rückständefreie Suppe wird erneut etwas eingekocht.

⑱ Nun wendet man sich wieder dem Wildbret zu: Das Fleisch wird in feine Würfel geschnitten und der Suppe zugefügt.

⑲ Die Sahne aufschlagen und kurz vor dem Servieren unter die Suppe rühren.

⑳ Zum Schluss wird die Suppe mit etwas Pfefferfond und Weinbrand abgeschmeckt.

Servieren:

① Die Wildrahmsuppe wird in vorgewärmten tiefen Tellern angerichtet.

② Jeder Teller wird mit Erdbeerhälften und grünem Pfeffer garniert.

weitere Zutaten:

etwas Pfefferfond vom
  grünen Pfeffer
Msp. 1 unbehandelten, fein
  geriebenen Zitronenschale
1 Lorbeerblatt
$1/8$ l Rotwein
1 l Wasser
3 EL Weinbrand
150 g saure Sahne

Garnitur:
250 g Walderdbeeren
etwas grüner Pfeffer

Hauptgerichte

Damhirschpfeffer

Zubereitung:

Wildbret:

① Das Wildbret – wie bei einem Gulasch – in größere Stücke schneiden.
② Die Stücke in Mehl wälzen.
③ Den Speck in kleine Würfel schneiden.
④ Die Wildbrühe erwärmen.
⑤ In einer Kasserolle die Butter mit dem Speck auslassen.
⑥ Das Fleisch in die Pfanne geben und von allen Seiten rasch anbraten.
⑦ Alles mit der Wildbrühe ablöschen.
⑧ Mit Salz und Pfeffer würzen.
⑨ Dann das Lorbeerblatt, die Zitronenschale, die Gewürznelken, Zwiebeln, Gewürzgurken und den Essig hinzufügen.
⑩ Die Kasserolle zudecken und in den Ofen geben.
⑪ Da muss das Fleisch so lange schmoren, bis es gar ist. Dies dauert ca. $1^{1}/_{2}$ Std.
⑫ Nach Bedarf und Wunsch kann noch etwas Wildbrühe zugegossen werden.
⑬ Sobald das Fleisch gar ist, werden die Gewürze (Lorbeerblätter, Nelken und Zitronenschale) aus der Kasserolle gefischt.
⑭ Anschließend werden der Rotwein und die Preiselbeerkonfitüre dem Wilbret zugegeben.
⑮ Durch Einkochen des Fonds erhält man die gewünschte Bindung der Soße.

Tipp: Sollte die Soße zu dünn sein, kann man sie mit Mehl etwas andicken.

Servieren:

① Der Damhirschpfeffer kann in einem Steinguttopf dekorativ serviert werden.
② Als Beilagen bieten sich Knödel, Rosenkohl und Preiselbeerkompott an.

Zutaten:

(Mengen für 6 Personen)

800 g Damhirschfleisch
etwas Mehl
60 g fetten Speck
1 l Wildbrühe
60 g Butter
etwas Salz
etwas Pfeffer
2 kleine Lorbeerblätter
dünne Schale einer
    unbehandelten $1/_4$ Zitrone
3 Gewürznelken
300 g Zwiebeln
1 Gewürzgurke
1 EL Essig
ggf. Wildfond
1 dl Rotwein
60 g Preiselbeerkonfitüre

Damhirschrücken

Damhirschrücken

im Waldwiesenheu gegart mit Wurzelgemüse und Kartoffelwürfeln

Zubereitung:

Wildbret:
1. Den Damhirschrücken mit den Kräutern und dem Öl einreiben.
2. Den derart marinierten Rücken über Nacht im Kühlschrank ziehen lassen.
3. Das Heu mit dem Wildfond und dem Wein in eine feuerfeste Form geben.
4. Dann das Wildbret hinzugeben und im Ofen bei 200 °C insgesamt 20 Min. garen lassen.
5. Danach den Rücken aus dem Sud nehmen, in eine Alufolie wickeln und ruhen lassen.
6. Den flüssigen Sud durch ein Tuch in einen Topf passieren.

Wurzelgemüse:
1. Zwischendurch das Gemüse und die Kartoffeln in kleine Würfel schneiden.
2. Alle Würfel in den Wildbretsud geben und darin garen.
3. Dann die Kartoffeln und das Gemüse aus dem Sud nehmen.
4. Kartoffeln und Gemüse würzen und warm stellen.

Weiterverarbeitung:
1. Nun die Schalotten anschwitzen und mit dem Wurzel-Heufond auffüllen.
2. Die Sahne dazugeben und einrühren.
3. Alles etwas einkochen lassen.

Servieren:
1. Das Fleisch aufschneiden.
2. Die Scheiben mit den Beilagen umlegen.
3. Alles mit der Soße umgießen.

Zutaten:
(Mengen für 4 Personen)

Wildbret:
800 g Damhirschrücken
　ohne Knochen
1 EL Bärlauch
1 EL Kerbel
1 EL Schnittlauch
0,1 l Walnussöl
200 g frisches Wiesenheu
0,2 l Wildfond
0,1 l Weißwein
2 Schalotten
0,1 l süße Sahne
etwas Salz
etwas Pfeffer

*Wurzelgemüse +
Kartoffelwürfel:*
100 g Lauch
100 g Sellerie
100 g Karotten
500 g Kartoffeln

Gebeiztes Wildkaninchen

Zutaten:

(Mengen für 4 Personen)

1 bratfertiges Kaninchen
1 Zwiebel
$1/2$ l herben Weißwein
1 Lorbeerblatt
5 Pfefferkörner
5 Wacholderbeeren
1 EL Salz
1 TL Thymian
1 TL Paprikapulver
4 EL Öl
$1/8$ l Sahne

Zubereitung:

1. Das Kaninchen in Rücken und Läufe zerlegen.
2. Die Zwiebel in Ringe schneiden.
3. Aus dem Weißwein und den Zwiebelringen, dem Lorbeerblatt, den Pfefferkörnern, den Wacholderbeeren und den übrigen Gewürzen eine Beize bereiten.
4. Das Kaninchenfleisch trocknen und in einen Bräter legen.
5. Das Wildbret mit der Beize übergießen.
6. Alles zwei Tage zugedeckt ziehen lassen.
7. Währenddessen wird das Kaninchen mehrmals gewendet.
8. Nach zwei Tagen wird das Fleisch aus der Beize genommen und gut abgetrocknet.
9. Die Beize wird hingegen durch ein Sieb gegossen. Die Flüssigkeit wird aufgefangen.
10. Das Öl in einer Bratpfanne erhitzen.
11. Dann das Fleisch von allen Seiten im heißen Fett anbraten.
12. Schließlich werden die gebeizten und gebratenen Kaninchenstücke mit Beize abgelöscht.
13. Das Wildbret wird weitere $1 1/2$ Std. in der Beize gegart.
14. Von Zeit zu Zeit ist etwas Beize nachzugießen.
15. Zum Schluss wird das Wildbret wieder aus der Beize entfernt und auf einer Platte angerichtet.
16. Die Beize wird mit der Sahne zu einer Soße gebunden.

Garnitur:

1. Das Kaninchen mit Sauerkirschen garnieren.
2. Mit etwas Beizensoße überziehen. Den Rest der Soße in einer Soßenschüssel servieren.
3. Als Beilagen können Rotkohl, Kartoffelpüree und Preiselbeerkompott gereicht werden.

Gebratener Frischlingsrücken

in Kronsbeerenrahm

Zubereitung:

① Den Frischlingsrücken panieren, salzen, pfeffern und mit den Wacholderbeeren einreiben.
② Das Öl in einem Bräter erhitzen und den Rücken darin anbraten.
③ Das Suppengrün würfeln.
④ Die Zwiebeln klein schneiden.
⑤ Dann die Suppengrün- und Zwiebelstückchen in den Bräter geben.
⑥ Auch das Lorbeerblatt hinzufügen.
⑦ Alles im vorgeheizten Backofen bei 220 °C ungefähr 20 bis 25 Min. garen.
⑧ Unterdessen ist dem Bratenfett ab und zu etwas Wasser zuzugießen.
⑨ Nach den 20 bis 25 Min. wird der Rücken aus dem Bräter genommen und auf eine vorgewärmte Platte gelegt.

Kronsbeerenrahm:
① Für die Soße wird der Bratenfond mit dem Rotwein aufgefüllt.
② Alles wird aufgekocht.
③ Alles durch ein Sieb gießen.
④ Die Flüssigkeit etwas einkochen lassen.
⑤ Die Crème fraîche, Kronsbeeren und den Apfelsinensaft zufügen.
⑥ Dann alles noch einmal etwas einkochen lassen.

Servieren:
① Der auf der Platte angerichtete Frischlingsrücken kann mit Mandel-Kroketten, Schmoräpfeln und Pilzen (z.B. Pfifferlingen) garniert werden.
② Vor dem Servieren wird der Braten noch mit der Rahmsoße begossen.
③ Der Rest der Soße wird zum Wildbret in einer Saucière gereicht.

Zutaten:

(Mengen für 4 Personen)

Wildbret:
1,4 kg Frischlingsrücken
etwas Salz
etwas Pfeffer
5 zerdrückte Wacholderbeeren
4 EL Öl
1 Bund Suppengrün
1 große Zwiebel
1 Lorbeerblatt

Kronsbeerenrahm:
$1/8$ l Rotwein
4 EL Crème fraîche
4 EL Kronsbeeren
Saft einer Apfelsine

Gefüllte Wildente
mit Backpflaumen

Zutaten:
(Mengen für 6 Personen)

3 Wildenten
4 Äpfel
100 bis 150 g Backpflaumen
etwas Thymian
etwas Butterschmalz
1/2 l Wildfond oder braune
   Brühe
etwas Stärkemehl
5 cl Portwein
1 Zitrone

Zubereitung:

1. Die Enten sauber vorbereiten.
2. Wasser und Salz in einen Kochtopf geben und zum Kochen bringen.
3. Die Enten 5 Min. in das kochende Salzwasser tauchen.
4. Danach wieder gut abtrocknen.
5. Die Äpfel schälen, entkernen und vierteln.
6. Die Backpflaumen einweichen.
7. Apfelstücke, Pflaumen und den Thymian vermengen.
8. Die Enten mit dem Apfel-Pflaumen-Thymian-Gemisch füllen.
9. Dann die Öffnungen der Enten zusammennähen.
10. Das Butterschmalz in einen Bräter geben und erhitzen.
11. In das heiße Fett die Enten legen und von allen Seiten gut anbraten.
12. Mit dem Wildfond oder der Brühe alles aufgießen und zugedeckt langsam im Ofen gar schmoren lassen.
13. Sobald das Fleisch gar ist, wird es entnommen und auf einer Platte angerichtet.
14. Der Fond wird mit angerührtem Stärkemehl leicht gebunden.
15. Alles mit Portwein und etwas Zitronensaft abschmecken.
16. Dann den Sud durch ein Sieb passieren und die Soße auffangen.

Servieren:

1. Die Enten tranchieren und die Teile dekorativ auf einer Platte oder den Tellern arrangieren.
2. Die im Sieb abgeschöpften Apfelstücke und Pflaumen dienen als Garnitur.
3. Das Wildbret leicht mit der Soße übergießen.
4. Als Beilage Heidekartoffeln reichen.

Geschmortes Wildkaninchen

Zutaten:

(Mengen für 4 Personen)

3 Knoblauchzehen
6 EL Olivenöl
1 kg Kaninchenteile
(Keulen und Rücken)
300 g Schalotten
1 EL edelsüßen Paprika
$1/8$ l Rotwein
$1/8$ l kräftige Fleischbrühe
1 TL gestr. Basilikum
1 Bund glatte Petersilie
300 g möglichst kleine, frische
Waldpilze oder Champignons

Zubereitung:

① Die Knoblauchzehen schälen.
② Das Öl in einem Bräter erhitzen.
③ Die geschälten Knoblauchzehen in dem Öl leicht anbraten und danach herausnehmen.
④ Die Kaninchenteile abtrocknen und in dem Knoblauchöl von allen Seiten anbraten.
⑤ Zwischenzeitlich die Schalotten schälen (und nicht zerkleinern!).
⑥ Die ganzen Schalotten ebenfalls in den Bräter setzen und mitbraten, bis sie braun sind.
⑦ Den Bräterinhalt mit Paprikapulver bestäuben und anschwitzen.
⑧ Alles mit Rotwein und der Fleischbrühe auffüllen.
⑨ Den Basilikum zugeben.
⑩ In dieser Masse muss das Wildbret zugedeckt 25 Min. schmoren.
⑪ In dieser Zeit die Petersilie säubern und die Pilze oder Champignons putzen.
⑫ Anschließend werden Petersilie und Pilze (Champignons) auch in den Bräter gegeben.
⑬ Daraufhin muss alles noch einmal 20 Min. miteinander schmoren.
⑭ Danach die Schmorflüssigkeit 5 Minuten einkochen lassen.

Servieren:

① Das Wildbret auf einer Platte anrichten.
② Als Beilage kann man Salat und Heidekartoffeln reichen.

Geschmorte
Wildschweinhaxen

Geschmorte Wildschweinhaxen

im Wirsingmantel mit Brombeerspecksoße und Kartoffelschnee

Zubereitung:

Wildbret:
1. Die Wildschweinhaxe mit Salz und Pfeffer würzen.
2. Dann das Wildbret in heißem Fett von allen Seiten anbraten.
3. Mit dem Wildfond auffüllen.
4. Die übrigen Gewürze ebenfalls hinzufügen.

Brombeerspecksoße:
1. Den Speck und die Schalotten anbraten.
2. Die Wacholderbeeren dazugeben und kurz anbraten.
3. Die Masse mit etwas Wildfond und Sahne auffüllen.
4. Alles etwa 10 Min. kräftig kochen.
5. Dann den Sud durch ein Sieb streichen.

Wirsingmantel:
1. Die Zwiebeln in heißem Fett anbraten.
2. Den Wirsing in Streifen schneiden, ebenfalls ins Fett geben und kurz mitgaren.
3. Das Ganze mit Wildfond und dem Sauerrahm auffüllen und vermischen.
4. Alles garen, würzen und heiß stellen.

Kartoffelschnee:
1. Die Kartoffeln kochen.
2. Die heißen Kartoffeln durch eine Kartoffelpresse direkt auf einen heißen Teller drücken.
3. Alles mit Butter übergießen und würzen.

Servieren:
1. Auf den Tellern mit den zerdrückten Kartoffeln auch die Haxe und den Kohl anrichten.
2. Alles mit etwas Soße überziehen.

Zutaten:
(Mengen für 4 Personen)

Wildbret:
4 Wildschweinhaxen
  (ca. 1,5 kg)
20 g Butterschmalz
6 Wacholderbeeren
4 Nelken
Schale einer Apfelsine
etwas Salz
etwas Pfeffer

Brombeerspecksoße:
40 g Schinkenspeck
40 g Schalotten
100 g Brombeeren
1 l Wildfond
200 ml Sahne

Wirsingmantel:
40 g Zwiebeln
30 g Butterschmalz
500 g Wirsingkohl
100 ml Wildfond
100 g Sauerrahm
etwas Salz
etwas Pfeffer
etwas gemahlener Kümmel
etwas Muskat

Kartoffelschnee:
600 g Kartoffeln
1 EL Kerbel
40 g Butter
etwas Salz
etwas Muskat

Geschmorte Wildschweinschulter
auf Schwarzbrotgraupen, Maronenröhrlingen und gebackenen Holunderbeeren

Zubereitung:
Wildschweinschulter und Soße:
① Die Wildschweinschulter ggf. noch von Knochen befreien, sodass ca. 1,5 kg. Fleisch vorliegt.
② Das Wildbret mit Salz und Pfeffer würzen und von allen Seiten in heißem Fett anbraten.
③ Den Speck, die Schalotten und das Gemüse klein schneiden und zum Wildbret geben, damit sie Farbe nehmen können.
④ Alles mit Wein und Holunderbeersaft ablöschen.
⑤ Dann alles mit Fond angießen.
⑥ Anschließend die Masse zwei Stunden bei niedriger Temperatur (150 °C) mit geschlossenem Deckel im Ofen schmoren lassen.

Schwarzbrotgraupen:
Nachdem die Wildschweinschulter schon eine Stunde vor sich hin köchelt, sollte man mit der Zubereitung der Schwarzbrotgraupen beginnen.
① Die 30 g Schalotten würfeln.
② Die Schalottenwürfel mit den Graupen in einem Topf mit der Butter anschwitzen.
③ Den Thymianzweig zugeben.
④ Etwas Schmorfond (ca. 400 ml) von der Schulter abnehmen und damit die Graupen auffüllen.
⑤ Diesen Sud im Ofen bei 180 °C ca. 40 Min. mit geschlossenem Deckel garen lassen.
⑥ Währenddessen werden die beiden Schwarzbrotscheiben in Würfel geschnitten.
⑦ Die Brotwürfel, den Sekt und den Sauerrahm in den Schmorfond geben, vermischen und abschmecken.
⑧ Die Schwarzbrotgraupenmasse wird heiß gestellt.

Weiter siehe nächste Seite!

Zutaten:
(Mengen für 4 Personen)

Wildschweinschulter und Soße:
1,5 kg Wildschweinschulter (ohne Knochen)
20 g geräucherter Speck
40 g Schalotten
50 g Staudensellerie
30 g Möhren
50 g Lauch
100 ml Rotwein
200 ml Holunderbeersaft
2 l Wildfond
5 Wacholderbeeren
50 g sehr kalte Butter
etwas Salz
etwas Pfeffer

Schwarzbrotgraupen:
30 g Schalotten
150 g Perlgraupen
30 g Butter zum Anschwitzen
1 Zweig Thymian
2 Schwarzbrotscheiben
50 ml Sekt
2 EL Sauerrahm

Maronenröhrlinge:
200 g Maronenröhrlinge
50 g geräucherter Speck
50 g Schalotten
etwas Salz
etwas Pfeffer
2 EL Kerbel

Weitere Zutaten siehe nächste Seite!

Maronenröhrlinge zubereiten:
① Die Pilze in Scheiben schneiden, kurz in Salzwasser abwellen und anschließend abtropfen lassen.
② Den Rauchspeck und die 50 g Schalotten anbraten.
③ Die Maronenröhrlinge dazu geben und mit Pfeffer und Salz würzen.
④ Erst kurz vor dem Servieren wird noch der Kerbel untergehoben.

Soße:
① Nach zwei Stunden Köcheln, wird der während des Wildbretkochens entstandene Schmorfond durch ein Sieb gegeben.
② Den feinen Fond lässt man einkochen.
③ Dann werden eiskalte Butterstückchen mit einem Schneebesen unter die Soße geschlagen, damit sie Bindung erhält.

Tipp: Wem das Binden mit Butter oder Sahne zu kalorienreich erscheint, kann auch auf Streustärken (Soßenbinder) zum Binden von Soßen und Suppen zurückgreifen. Allerdings kann dies zu leichten geschmacklichen Einbußen führen.

gebackene Holunderbeeren:
① Aus den Zutaten – Eier, Mehl, Milch, Zucker – einen glatten, fließfähigen Teig herstellen.
② Der Teig muss 20 Minuten ruhen.
③ Zwischenzeitlich die Holunderblüten waschen und gut abtropfen.
④ Anschließend werden die Blüten durch den Teig gezogen.
⑤ Erst wenn der überschüssige Teig abgetropft ist, werden die eingehüllten Blüten in heißem Fett ausgebacken.

Weiterverarbeitung:
① Die Graupen auf einem Teller anrichten.
② Das Wildschweinfleisch in dünne Scheiben schneiden und auf den Graupen platzieren.
③ Alles mit etwas Soße überziehen.
④ Dann werden die gebackenen Holunderblüten um Wildbret und Graupen gelegt.

Kuriosität: Wilder Schweinskopf

Wie man vor 160 Jahren einen wilden Schweinskopf kochte

Der Schweinskopf wird auf starkem Feuer abgebrannt. Alsdann löst man den hinteren Halsknochen heraus, schneidet die Schwarte um den Rüssel unten und oben los, hackt den Knochen etwas ab, nimmt die Zunge heraus und legt dann den Kopf 24 Stunden in kaltes Wasser, wechselt nach 12 Stunden das Wasser, wäscht den Kopf gut ab und legt ihn in einen passenden Kessel, gibt einen Bier- und einen Teil Weinessig darauf, sodass der Kopf bedeckt ist. Nun werden ein paar Hände voll Salz, 12 kleine Zwiebeln, je ein Händchen schwarze Pfefferkörner und Wacholderbeeren, einige Lorbeerblätter, auch etwas Zitronenschale daran gegeben. Der Kessel wird zugedeckt und der Kopf gut gekocht, dabei darf er nicht zerkochen!

Die Zeit zum Kochen muss sich nach Größe und Alter des Schweins richten. Nach Belieben kann man zuletzt auch eine Flasche Rotwein nachgießen.

Ist der Kopf von einem alten Schweine, so muss noch etwas Wasser nachgeschüttet werden, und dann lässt man ihn in der Brühe einige Tage in einem großen irdenen Gefäß liegen. Wird nun der Kopf zum Verzehr heraus genommen, putzt man alles Unsaubere ab, garniert ihn mit ein paar Eichenbrüchen und macht folgende Soße dabei:

3 bis 4 Eier werden hartgekocht, das Gelbe hiervon mit einem Löffel Provenceöl klar wie Butter gerührt. Hierzu hackt man ein paar Zwiebeln, einige ausgegrätene Sardellen, Petersilie und einen halben Löffel Kapern, vermengt dieses mit dem Saft einer halben Zitrone, etwas Senf und einigen Löffeln Weinessig; dann macht man diese Soße mit ein wenig Zucker gebrochen. Der Geschmack wird erhöht, wenn 2 Löffel voll Johannisbeerengelee mit dem Saft einer Orange klar gerührt und mit der Soße vermengt wird.

Geschnetzeltes
Rehfilet

Geschnetzeltes Rehfilet
mit Pfifferlingen in Preiselbeerrahm,
dazu Buchweizenbuchteln

Zubereitung:

Geschnetzeltes Rehfilet:

① Rehfilet in etwa 1,5 cm starke Streifen schneiden.

Tipp: Versuchen Sie beim Zuschneiden von rohem und gegartem Wildfleisch immer gegen die Fleischfaser zu schneiden, damit diese möglichst kurzfasrig wird. Dies verbessert die Zartheit des Fleisches erheblich.

② Die Streifen in heißem Fett anbraten.

③ Das Fleisch aus der Pfanne nehmen.

④ Schalotten, Schinken und Pfifferlinge in der Pfanne anrösten.

⑤ Die Hälfte der gerührten Preiselbeeren hinzufügen und anbraten.

⑥ Mit dem Wein, dem Wildfond und der Sahne auffüllen.

⑦ Alles kurz aufkochen lassen.

⑧ Schließlich mit Salz, Pfeffer und Thymian würzen.

Buchweizenbuchteln:

① Die Milch leicht erhitzen.

② Die Hefe in der handwarmen Milch auflösen.

③ Die Hefemilch mit den anderen Zutaten vermengen und einen glatten Teig daraus kneten.

④ Dann muss der Hefeteig 30 Min. gehen.

⑤ Anschließend werden aus dem Teig kleine Kugeln geformt und nebeneinander in eine gefettete Form gesetzt.

⑥ Die Kugeln in der Form werden im Ofen bei 180 °C ca. 15 Min. gebacken.

Weiterverarbeitung:

① Das Geschnetzelte in der Preiselbeersoße erwärmen.

② Rehfilet und Preiselbeersoße zusammen mit den abgestochenen Buchteln auf den Teller anrichten.

③ Mit den restlichen Preiselbeeren garnieren.

Zutaten:

(Mengen für 4 Personen)

Geschnetzeltes Rehfilet in Preiselbeerrahm:

600 g Rehfilet
40 g Schalotten
40 g Schinkenspeck
1 EL Butterschmalz
200 g Pfifferlinge
100 g Preiselbeeren
1/4 l Rotwein
100 ml Wildfond
100 ml Sahne
etwas Salz
etwas Pfeffer
Thymian

Buchweizenbuchteln:

20 g Hefe
100 ml Milch
200 g Mehl
50 g Buchweizenmehl
1 frisches Ei
40 g Butter
etwas Salz
200 g Kartoffeln
50 g Speck
2 EL Schnittlauch
2 frische Eier

Glasierter
Damhirschrücken

Glasierter Damhirschrücken

mit Zwetschenkraut und Kartoffelkrapfen

Zubereitung:

Rotkraut

1. Das Rotkraut entstrunken und in feine Streifen schneiden.
2. Im Schmalz die Zwiebeln andünsten.
3. Dann das Kraut zugeben, kurz mitschwitzen.
4. Alles mit Essig, Rotwein (kleinen Rest zum Abbinden zurückbehalten) ablöschen.
5. Das Gemüse mit Salz, Zucker und Honig würzen.
6. Die restlichen Gewürze im Mörser zerreiben, als Gewürzbeutel vorbereiten und ins Kraut geben.
7. Das Kraut zusammen mit dem Gewürzbeutel bei geschlossenem Deckel 30 bis 45 Minuten kochen.
8. Danach den Gewürzbeutel entnehmen und das Kraut nachschmecken.

Tipp: Ein Gewürzbeutel verhindert, dass man später auf Gewürzstückchen kaut. Im Beutel mitgegart, können die Gewürze nach dem Garen bequem entnommen werden. Verwenden Sie einen Teefilter, der mit einem Bindfaden verschlossen werden kann.

9. Die Zwetschgen entsteinen, in kleine Spalten schneiden und kurz im Kohl erhitzen.
10. Den Rest Rotwein mit der Speisestärke aufschwämmen.
11. Die Flüssigkeit leicht mit der Rotwein-Stärke-Aufschlämmung binden.

Soße:

1. Die Butter mit den Schalotten in der Pfanne anschwitzen.
2. Die beiden Esslöffel Rotwein, den Zucker und das Johannisbeergelee dazu geben.
3. Alles mit dem Pflaumenwein und dem Wildfond ablöschen und würzen.
4. Die entstandene Soße aufkochen und einreduzieren lassen.

Weiter siehe nächste Seite!

Zutaten:

(Mengen für 4 Personen)

Rotkraut:
800 g Rotkohl (entstrunkt)
30 g Schweine- oder Gänseschmalz
80 g Zwiebeln
$1/8$ l Rotweinessig
$1/4$ l Rotwein
etwas Salz
etwas Zucker
1 EL Honig
1 Lorbeerblatt
5 Pimentkörner
1 Nelke
etwas Pfeffer
400 g Speisestärke

Soße:
2 EL Rotwein
2 EL Brauner Zucker
80 g Johannisbeergelee

Glasierter Damhirschrücken:
800 g Damhirschrückenfilet
40 g Schalotten
20 g Butter
400 ml Wildfond
5 Stück Wacholderbeeren
4 Stück Piment
2 Stück Nelken
200 ml Pflaumenwein
3 EL Sauerrahm
etwas Salz
etwas Pfeffer

Zwetschgensoße:
100 ml Zwetschen
2 EL Rotwein
2 EL Brauner Zucker
800 g Johannisbeergelee

Weitere Zutaten siehe nächste Seite!

c) Glasierter Damhirschrücken:

① Das Damhirschrückenfilet mit Salz und Pfeffer würzen und in einer Pfanne mit etwas Fett von allen Seiten anbraten.

② Dann das Wildbret in eine feuerfeste Form legen.

③ Die Soße zum Fleisch geben.

④ Alles im vorgeheizten Ofen bei 150 °C insgesamt 15 Min. gar ziehen lassen.

⑤ Nach der Hälfte der Garzeit das Fleisch mit der Soße überziehen.

⑥ Das Wildbret in eine Alufolie einschlagen und ca. 10 Min. ruhen lassen.

⑦ Zwischenzeitlich die Soße durch ein Tuch oder Sieb passieren.

⑧ Die feine Soße mit dem Sauerrahm erhitzen. Jedoch nicht aufkochen lassen, sonst gerinnt der Sauerrahm!

e) Kartoffelkrapfen:

① Die Kartoffeln kochen.

② Zwischenzeitlich die Butter, Milch, Salz und Muskat aufkochen.

③ Das Mehl in die Flüssigkeit geben und glatt rühren, bis sich ein weißer Belag auf dem Topfboden bildet.

④ Die Masse etwas abkühlen lassen.

⑤ Dann nach und nach die Eier unterkneten.

⑥ Die gekochten Kartoffeln gut abdämpfen lassen und durch eine Kartoffelpresse drücken.

⑦ Die zerdrückten Kartoffeln mit dem Brandteig vermengen.

⑧ Mit zwei Esslöffeln ovale Klößchen formen.

⑨ Die Klößchen im Fettbad goldgelb backen.

Servieren:

① Den Damhirschrücken in dünne Scheiben schneiden.

② Auf einem Soßenspiegel die Wildbretscheiben anrichten.

③ Zusammen mit dem Zwetschenkraut servieren.

④ Die Kartoffelkrapfen separat in einer Schüssel anbieten.

*Machandeln ist der urtümliche
Ausdruck für Wacholderbeeren.

Glasierte Hasenkeulen mit Machandeln*

Zubereitung:

Wildbret:

① Die Schlossknochen der Keulen auslösen.
② Das Fleisch sorgfältig von Haut und Sehnen befreien.
③ Den Speck auslassen.
④ Die Keulen werden zusammen mit den Knochen in den heißen Bräter gegeben.
⑤ Das Wildbret wird gesalzen, gepfeffert und von allen Seiten gebraten. Die Garzeit junger Tiere, die auf den Punkt gegart werden können, beträgt zwischen 25 und 30 Minuten. Keulen von älteren Hasen sollten etwa 1 1/2 Stunden bei 150 °C geschmort werden.

⑥ Unterdessen die Äpfel halbieren und mit einem kleinen Kartoffelausstecher das Kerngehäuse ausstechen.

⑦ Die Apfelhälften werden dann mit dem Zitronensaft und etwas Butter pochiert. Dabei ist darauf zu achten, dass die Äpfel nicht zerfallen.

⑧ Bevor sie zerfallen, müssen die Äpfel aus der Butterpfanne genommen, gut abgetropft und warm gestellt werden.

⑨ Die Hasenkeulen nach dem Garwerden aus dem Bräter nehmen.

Wacholder-Soße

① Nachdem das Wildbret aus dem Bräter entnommen wurde, liegt der Bratensatz frei. Er wird mit dem Wacholderschnaps abgelöscht.

② Dann die Wacholderbeeren zerdrücken und in den Bratenfond geben.

③ Alles aufkochen und etwas reduzieren lassen.

④ Nun wird die Sahne zugegeben.

⑤ Die Soße so lange kochen, bis sie die nötige Konsistenz besitzt.

⑥ Abschließend alles abschmecken und den Sud durch ein Sieb passieren. Die Soße auffangen.

Servieren:

① Die Hasenkeulen auf einer Platte oder auf großen, flachen Tellern anrichten.

② Die Stücke mit Soße übergießen.

③ Die gekochten Apfelhälften mit Johannisbeergelee füllen und dekorativ zu den Fleischstücken setzen.

④ Als Beilage eignen sich z. B. Kartoffelbällchen und Maronenpüree.

Zutaten:

(Mengen für 6 Personen)

Wildbret:

6 kleine Keulen von jungen Hasen

50 g grünen Speck

Wacholder-Soße:

6 cl alter Wacholder-Schnaps

6 zerdrückte Wacholderbeeren

$1/2$ l Wildbrühe

$1/4$ l flüssige Sahne

etwas Salz

etwas Pfeffer

3 mittelgroße Äpfel

150 g Johannisbeergelee

75 g Butter

Saft 1 Zitrone

Hinweis: Wer in der Heide von „Wacholder" spricht, meint nicht zwangsläufig immer auch die Wacholderbeeren oder ihre Sträucher, sondern auch der Wacholderschnaps wird kurz so bezeichnet.

Hirschkalbs-
medaillons

Hirschkalbsmedaillons

in der Haselnusskruste auf Kerbelmöhren
und Kartoffelpilzküchlein

Zubereitung:

Kerbelmöhren:

1. Die Möhren in feine Scheiben schneiden.
2. Die Schalotten in feine Würfel schneiden.
3. Die Schalottenwürfel in Butter anschwitzen.
4. Die Möhrenscheiben dazu geben und mit Salz und Zucker würzen.
5. Gemüse mit der Sahne auffüllen.
6. Alles bissfest garen, würzen sowie mit gehacktem Kerbel verfeinern.
7. Sahne cremig einkochen.

Kartoffelpilzküchlein:

1. Die Kartoffeln schälen und in feine Streifen reiben.
2. Den Schinken in feine Würfel schneiden und mit Zwiebel und Pilzen anbraten.
3. Die Schinken-Pilz-Masse mit den Kartoffelstreifen, dem Ei und Mehl vermengen und würzen.
4. Das Butterschmalz in einer Pfanne erhitzen.
5. Kleine Kartoffelküchlein im Schmalz ausbacken.

Hirschkalbsmedaillons

1. Das Wildbret würzen und leicht mit Mehl abstäuben.
2. Das Ei mit etwas Wasser aufrühren.
3. Medaillons beidseitig in die gehackten Mandeln legen und gut andrücken.
4. Medaillons von allen Seiten in heißem Walnussöl goldbraun anbraten.
5. Anschließend die Fleischstücke im Ofen bei 150 °C ungefähr 12 Min. auf den Punkt garen lassen.

Servieren:

1. Jeweils ein bis zwei Kartoffelküchlein auf einem Teller platzieren.
2. Das Fleisch aufschneiden und auf die Kartoffelküchlein setzen.
3. Alles mit den Rahmmöhren umlegen.

Zutaten:
(Mengen für 4 Personen)

Kerbelmöhren:
600 g Möhren
40 g Schalotten
20 g Butter
200 ml Sahne
Salz
Zucker
1 Kräutertöpfchen fein
    gehackten Kerbel

Kartoffelpilzküchlein:
500 g Kartoffeln
20 g Schinken
40 g Schalotten
50 g Pfifferlinge
50 g Maronenpilze
2 EL Mehl
2 frische Eigelb
1 frisches Ei
Salz
schwarzer Pfeffer
Butterschmalz

Hirschkalbsmedaillons:
800 g Hirschkalbsrücken-
    medaillons ohne Knochen
8 EL geschälte und
    gehackte Haselnüsse
1 frisches Ei
etwas Salz
etwas Pfeffer
20 g Walnussöl

Hirschragout

mit Maronenröhrlingen und Majorannudeln

Zutaten:

(Mengen für 4 Personen)

Hirschragout
mit Maronenröhrlingen:
1 kg Hirschfleisch (Schulter)
20 g Butterschmalz
500 g Zwiebeln
120 g geräucherter Speck
1 Bund Suppengemüse
  (Möhren, Sellerie, Lauch)
2 EL Tomatenmark
1 TL edelsüßen Paprika
1 unbehandelte Zitrone
4 Wacholderbeeren
1 Lorbeerblatt
1 Prise getrockneten Majoran
etwas Salz
$1/4$ l Rotwein
$3/4$ l Wildfond (oder Wasser)
500 g geputzte
  Maronenröhrlinge

Weitere Zutaten
siehe nächste Seite!

Zubereitung:

Hirschragout mit Maronenröhrlingen:

1. Die Hirschschulter vom Knochen befreien, entsehnen und in grobe Würfel schneiden.
2. Das Butterschmalz in einer Schmorpfanne erhitzen.
3. Die Fleischwürfel in die heiße Pfanne geben und von allen Seiten scharf anbraten.
4. Die Zwiebeln und das Suppengemüse putzen und in Würfel schneiden.
5. Die Gemüsewürfel zum Fleisch geben und mitbraten lassen.
6. Dann die Temperatur vermindern.
7. Das Tomatenmark und die Gewürze in den Ansatz geben, kurz mitschwitzen.
8. Von der Zitrone etwas Schale abreiben und zusammen mit einem Esslöffel Zitronensaft zum Fleisch geben.
9. Alles mit dem Wildfond ablöschen.
10. Dann den Topf abdecken und 1 $1/2$ bis 2 Std. mit geschlossenem Deckel bei geringer Hitze schmoren.

Tipp: Langsames Schmoren bei geringen Temperaturen verhindert, dass die Fleischfasern sich zu sehr verkürzen und das Fleisch hart und trocken wird. Ideal gelingt das Schmorgericht im gut geschlossenen Bräter im Ofen bei 120 bis 150 °C.

⑪ Zwischenzeitlich die Maronenröhrlinge putzen und klein schneiden.

⑫ 20 Minuten vor dem Ende der Garzeit den Deckel abnehmen und die geschnittenen Pilze dazu geben und garen lassen.

⑬ Alles mit dem Rotwein angießen und den Fond solange einkochen bis er Bindung erhält.

Majorannudeln:

① Die Bandnudeln in Salzwasser kochen und gut abschrecken.

② In einer Pfanne die Butter erhitzen und darin die Zwiebelwürfel anschwitzen.

③ Die Nudeln ebenfalls in die Pfanne geben und darin erhitzen.

④ Dann mit dem frischen Majoran, dem Muskat und etwas Salz abschmecken.

Tipp: Bei Verwendung von getrocknetem Majoran muss dieser kurz in Butter angeschwitzt werden, damit er sein Aroma entfaltet.

Servieren:

① Die Nudeln auf den Tellern anrichten.

② Dann wird das Ragout mit wenig Soße auf den Nudeln angerichtet und serviert.

weitere Zutaten:

Majorannudeln:
400 g helle Bandnudeln
20 g Butter
1 Zwiebel
1 Kräutertopf Majoran
  (frisch oder getrocknet)
etwas Salz
etwas Muskat

Rehkeule

im Kräutermantel

Zutaten:

(Mengen für 4 Personen)

1 kg Rehkeule

150 g fetter Speck

etwas Salz

etwas Pfeffer

4 EL Öl

2 EL Thymian, Kerbel,
   Estragon (fein gehackt)

1 Zwiebel (in feine Würfel
   geschnitten)

1 Knoblauchzehe (zerdrückt)

$1/8$ l Rotwein

$1/8$ l Wildfond

125 g Crème fraîche

Saft 1 Apfelsine

Zubereitung:

1. Den Speck in dünne Streifen schneiden.
2. Dann das Wildbret mit Salz würzen und in einem Bräter scharf anbraten.
3. Die Keule mit schwarzem Pfeffer, Zwiebelwürfel, zerdrücktem Knoblauch und den Kräutern würzen.
4. Dann die Keule im vorgeheizten Ofen bei 180 °C je nach Größe zwischen 30 und 60 Minuten auf den Punkt garen (Kerntemperatur 60 bis 65 °C).
5. Während dieser Zeit ist das Wildbret öfter mit Rotwein und Brühe zu begießen.
6. Anschließend wird das Fleisch aus dem Bräter entfernt und warm gestellt.
7. Der zurückgebliebene Bratenfond wird mit einem Schuss Rotwein abgelöscht, mit dem Fond aufgefüllt und gut eingekocht.
8. In diese Flüssigkeit wird die Crème fraîche eingerührt (Nicht mehr kochen!).
9. Alles wird mit etwas Apfelsinensaft abgeschmeckt.

Servieren:

1. Die Keule wird gegen die Faser in Tranchen geschnitten und zusammen mit der Soße angerichtet.
2. Als Beilage bieten sich Kronsbeerenkompott und Kartoffelkrapfen (s. S. 134) an.

Rehragout
mit Pfifferlingen und Butterspätzle

Zubereitung:

1. Das Rehblatt enthäuten, entbeinen und in grobe Würfel schneiden.
2. Das Fett in einem Bräter erhitzen und das Fleisch von allen Seiten anbraten.
3. Das Röstgemüse in das heiße Fett geben.
4. Dann die Temperatur vermindern.
5. Das Tomatenmark und die Gewürze in den Ansatz geben und kurz mitschwitzen.
6. Von der Zitrone etwas Schale abreiben und zusammen mit einem Esslöffel Zitronensaft zum Fleisch geben.
7. Alles mit dem Wildfond ablöschen.
8. Dann den Topf abdecken und $1^{1}/_{2}$ bis 2 Std. mit geschlossenem Deckel bei geringer Hitze schmoren.
9. Zwischenzeitlich die Pfifferlinge gut putzen.
10. Speckwürfel in einer Pfanne auslassen.
11. Die Pfifferlinge dazu geben und etwa 10 Min. braten.
12. Zwiebelwürfel dazu geben und kurz mitbraten.
13. Alles mit Salz und Pfeffer würzen.
14. Bräter aus dem Ofen nehmen und bei geöffnetem Deckel den Fond einkochen, bis das Ragout eine gute Bindung erhält.
15. Etwas Johannisbeergelee hinzugeben und abschmecken.

Servieren:

1. Das Rehragout in einer Steinschüssel oder auf den Tellern anrichten.
2. Mit den gebratenen Pfifferlingen garnieren.
3. Zu diesem Rezept passen als Beilage Butterspätzle.

Zutaten:
(Mengen für 6 Personen)

2,5 kg Rehblatt
300 g Röstgemüse
2 EL Tomatenmark
1 TL edelsüßen Paprika
1 unbehandelte Zitrone
4 Wacholderbeeren
1 Lorbeerblatt
1 Prise getrockneten Majoran
etwas Salz
etwas Pfeffer
$1/_4$ l Rotwein
$3/_4$ l Wildfond (oder Wasser)
2 EL Johannisbeergelee
400 g kleine Pfifferlinge
25 g Butterschmalz
1 Zwiebel (in feine Würfel geschnitten)
60 g geräucherten Speck (in feine Würfel geschnitten)

Rehrücken

mit Staudensellerie

Zutaten:

(Mengen für 6 Personen)

1 Rehrücken (ca. 1,8 kg)

$1^1/_4$ l saure Sahne

20 Wacholderbeeren

1 Thymianzweig

3 Gewürznelken

2 Lorbeerblätter

etwas Salz

etwas Pfeffer

50 g Speck

2 EL Olivenöl

150 ccm trockener Weißwein

3 Schalotten

50 g Bleichsellerie

$1/_2$ l Schlagsahne

etwas Pfeffer

etwas Salz

1 EL Johannisbeergelee

etwas Zitronensaft

Zubereitung:

① Den panierten Rehrücken in einen Topf legen und mit 1 l saurer Sahne übergießen.

② Gewürze im Mörser zerdrücken und dazu geben.

Tipp: Kein Salz oder Zucker in eine Marinade geben, weil sonst das Fleisch Wasser zieht und austrocknet.

③ Den Rücken in dieser Masse 1 Tag marinieren. Dabei ist er mehrmals zu wenden.

④ Im Anschluss wird das Wildbret aus der Marinade genommen, gut trocken getupft sowie mit Salz und Pfeffer gewürzt.

⑤ Die Marinade durch ein Sieb geben und die Soße genauso aufbewahren, wie die Rückstände.

⑥ Den Speck in kleine Würfel schneiden.

⑦ Das Öl in einem Bräter erhitzen und den Speck darin auslassen.

⑧ In diesem heißen Öl den gesalzenen Rehrücken kurz anbraten und sogleich wieder herausnehmen.

⑨ Das Fett abgießen und den Bratensatz mit dem Weißwein ablöschen und alles reduzieren lassen.

⑩ Die gewürfelten Schalotten zusammen mit dem Bleichsellerie und den Gewürzen aus der Marinade (Teile der im Sieb befindlichen Rückstände) sowie der Schlagsahne in den Bräter geben.

Rehrücken

in Rahmsoße

⑪ Alles aufkochen und mit Pfeffer und Salz abschmecken.

⑫ Erst nun wird der Rehrücken mit der Fleischseite nach unten in den Bräter gelegt.

⑬ Den Backofen auf 175 °C vorheizen. Hat der Herd diese Temperatur erreicht, wird der Behälter mit dem Rücken bei gleichbleibender Temperatur für ungefähr 25 Min. in die Backröhre gegeben.

⑭ Bereits nach 10 Minuten ist der Rehrücken zu wenden.

⑮ Bräter nach den 25 Minuten aus dem Ofen nehmen und den Rehrücken auf einer Platte im Ofen warm stellen.

⑯ Den Bratensud durch ein Sieb gießen und einkochen.

⑰ Dann den Herd abstellen und während des Abkühlens mit dem Rest der sauren Sahne verrühren.

⑱ Schließlich alles mit dem Johannisbeergelee und einigen Tropfen Zitronensaft abschmecken.

Servieren:

① Den Rehrücken vom Knochen lösen und anrichten.

② Soße separat reichen.

② Dazu können z. B. Kartoffelkroketten, Rosenkohl und als Garnitur mit Kronsbeeren gefüllte Pfirsich- oder Birnenhälften angeboten werden.

Roulade vom Rothirsch

mit Waldpilzfüllung, Quittensoße
und Gemüsekuchen

Zubereitung:

Rothirsch-Rouladen:

1. Die Schalotten und den Speck würfeln.
2. Die Schalotten- und Speck-Würfel zusammen mit den Pilzen anbraten.
3. Das Weißbrot würfeln.
4. Die Brotwürfel mit Eigelb und Schnittlauch vermengen.
5. Das Wildbret mit Salz und Pfeffer würzen.
6. Pilze und Brot vermengen und als Füllung auf den Rouladen verstreichen.
7. Die Hirschrouladen aufrollen und mit Bindfäden oder Fleischzangen fixieren.
8. Danach werden die Rouladen in einem Bräter von allen Seiten gut angebraten.
9. Das Fleisch mit Wildfond auffüllen.
10. Die Wacholderbeeren zerdrücken und dem Wildfond zugeben.
11. Die Rouladen im Ofen abgedeckt bei 150 °C ca. 90 Min. garen.

Tipp: Rouladen im Schnellkochtopf zubereiten spart je nach Größe der Rouladen 60 bis 70 Minuten Kochzeit.

12. Den Sud durch ein feines Sieb passieren.
13. Dann die feine Soße mit Quittengelee und Sauerrahm verkochen.

Gemüsekuchen:

1. Die Schalotten und das übrige Gemüse in feine Würfel schneiden.
2. Alle Gemüse- und Zwiebelwürfel in der Butter anschwitzen.
3. Die harten Brötchen in Würfel schneiden und mit dem Gemüse vermengen.
4. Die Milch mit den frischen Eiern verrühren.
5. Die verquirlten Eier über die Gemüsemasse geben.
6. Alles mit Salz und Muskatnuss würzen.
7. Die Knödelmasse in eine ausgebutterte Riegelform (z. B. kleine Kastenform für Kuchen) füllen.
8. Die Form mit Alufolie verpacken und im Wasserbad bei 180 °C ungefähr 30 Min. garen.
9. Danach wird der Gemüsekuchen gestürzt und in Scheiben geschnitten.

Servieren:

1. Die Gemüsekuchenstücke werden zusammen mit der Roulade und der Soße auf den Tellern angerichtet und serviert.

Zutaten:

(Mengen für 4 Personen)

Rothirsch-Rouladen:

80 g Schalotten
40 g Speck
etwas Butterschmalz
   zum Anbraten
100 g Waldpilze (Pfifferlinge,
   Steinpilze, etc.)
2 Scheiben Weißbrot
2 frische Eigelb
4 dünne Scheiben Hirschkeule
   (jeweils ca. 180 g)
etwas Salz
etwas Pfeffer
2 EL gehackten Schnittlauch
400 ml Wildfond
4 Wacholderbeeren
3 EL Quittengelee
100 g Sauerrahm

Gemüsekuchen:

40 g Schalotten
50 g Möhren
50 g Zwiebellauch
20 g Butter
5 harte Brötchen
2 frische Eigelb
200 ml Milch
etwas Salz
etwas Muskat
2 frische Eigelb

Sauerkrautroulade

mit Wildschweinfilet auf Steinpilzrahm
und Karamellkartoffeln

Zubereitung:

Wildschweinfilet:

1. Die Sahne mit Kümmel und Wacholderbeeren aufkochen lassen und zum Abkühlen von der Flamme nehmen.
2. Das Filet salzen und in etwas Fett von allen Seiten scharf anbraten und dann auf einem Teller auskühlen lassen.
3. Schieres Nackenfleisch mit der elektr. Schneidemaschine oder einem Fleischwolf zu einer Masse (Farce) zerkleinern.
4. Die Farce mit der durchgesiebten Sahnemischung glatt rühren.

Sauerkrautroulade:

1. Die äußeren Wirsingkohlblätter in kochendem Salzwasser kurz sieden.
2. Dann die Blätter kalt abschrecken, damit die Farbe erhalten bleibt.
3. Die Mittelrippen aus den Blättern herausschneiden.
4. Die Blätter trocken tupfen und auf einer Alufolie zu 2 Rechtecken von je 20 x 15 cm ausbreiten.
5. Das Sauerkraut auf beide Portionen verteilen.
6. Die Portionen mit etwas Pfeffer aus der Mühle würzen und mit der Fleischfarce bestreichen.
7. Das Speck im Butterschmalz kross anbraten und die Speckstreifen längs auf die Farce legen.
8. Dann die Wildschweinfilets jeweils in der Mitte platzieren.
9. Mit Hilfe der Folie aufrollen und die Enden gut verschließen.
10. Dann im vorgeheizten Ofen bei 200 °C ungefähr 20 Min. backen.
11. Danach 10 Min. bei offener Ofentür ruhen lassen.

Weiter siehe nächste Seite!

Zutaten:
(Mengen für 4 Personen)

Wildschweinfilet:
400 g Wildschweinfilet
300 g Wildschweinnacken
100 ml Sahne
1 TL Kümmel
4 Wacholderbeeren
1 Prise Salz

Sauerkrautroulade:
1 kleiner Kopf Wirsingkohl
500 g mildes Sauerkraut
80 g Bauchspeck in Scheiben
20 g Butterschmalz
1 Prise Salz
schwarzer Pfeffer

Steinpilzrahm:
20 g Butter
200 g Steinpilze
30 g fein gewürfelte Schalotten
1/8 l Wildfond
1/8 l Sahne
1 EL Schnittlauch
1 Zweig frischer Thymian
1 Prise Salz

Karamellkartoffeln:
600 g kleine neue Kartoffeln
1 EL Brauner Zucker
2 EL Öl
Salz

*Weitere Zutaten
siehe nächste Seite!*

Steinpilzrahm:
① Die Schalotte klein schneiden,
② Dann Zwiebeln mit Pilzen in der Butter glasig anschwitzen.
③ Alles mit der Sahne und dem Wildfond auffüllen und einkochen lassen.
④ Zum Schluss mit Salz abschmecken.
⑤ Erst kurz vor dem Servieren mit geschnittenen Kräutern vollenden.

Karamellkartoffeln:
① Die Kartoffeln nur abrubbeln und wie Pellkartoffeln garen.
② Die gegarten Kartoffeln in einer heißen Pfanne mit Öl Farbe nehmen lassen.
③ Die leicht gebratenen Kartoffeln mit Zucker und Salz bestreuen und karamellisieren lassen.

Servieren:
① Auf den Tellern jeweils einen Soßenspiegel gießen.
② Die Sauerkrautrolle mit einem scharfen Messer aufschneiden und jeweils eine Scheibe auf die Soße geben.

Tipp: Empfindliche Gerichte lassen sich, ohne Druck auf das Nahrungsmittel auszuüben, besonders gut mit einem elektrischen Messer schneiden.

③ Das Ensemble mit den kleinen Kartoffeln umranden.

Zutaten:

(Mengen für 4 Personen)

Wildbret:

2 Wildenten

etwas weiche Butter

etwas Salz

etwas Pfeffer

Saft und Schale einer
   unbehandelten Apfelsine

$1/_4$ l Hühnerbrühe

Pomeranzensoße:

3 EL Butter

4 EL Mehl

$1/_2$ l Hühnerbrühe

Saft und Schale einer
   unbehandelten Apfelsine

Garnitur:

1 Apfelsine

Wildenten
mit Pomeranzensoße

Zubereitung:

① Die Enten vorbereiten, indem sie ggf. noch gerupft
   und von innen wie außen gereinigt werden.

② Dann werden die Enten von innen mit der Butter
   eingerieben und mit Salz und Pfeffer gewürzt.

③ In jede Ente wird ein Stück der unbehandelten
   Apfelsinenschale gelegt.

④ Anschließend sind die Öffnungen zuzunähen oder
   mit Fleischnadeln zu verschließen.

⑤ Zwischenzeitlich die Brühe zubereiten.

⑥ Nun werden die Enten in einen Bräter gelegt und mit
   dem Saft und der Brühe übergossen.

⑦ Danach bei 250 °C ungefähr 10 Min. lang im
   Backofen vorbraten.

⑧ Nachfolgend bei 200 °C in weiteren 40 Min. fertig
   braten.

Pomeranzensoße:

① Die Butter in einem Topf zerlassen.

② Das Mehl in die geschmolzene Butter geben und
   goldbraun anschwitzen.

③ Den Bratenfond gut entfetten.

④ Dann den entfetteten Sud der Mehlschwitze zugeben
   und alles gut durchkochen lassen.

⑤ Etwas konzentrierter Wildfond verbessert Farbe und
   Aroma der Soße.

⑥ Einreduzieren lassen und mit dem Apfelsinensaft,
   etwas geriebener Schale und den Gewürzen
   abschmecken.

Servieren:

① Apfelsinenfilets in etwas Saft erhitzen.

② Die Enten werden auf Platten angerichtet und mit
   Apfelsinenscheiben garniert.

Tipp: Von der Apfelsine mit einem scharfen Messer die
   Schale abschneiden. Dabei darauf achten, dass
   die bittere weiße Unterhaut der Schale
   vollständig mit abgetrennt wird. Zwischen den
   zergliederten Häuten der Apfelsine werden die
   Filets herausgeschnitten. Die Filets sind intakt
   und völlig haut- und schalenfrei.

③ Die Soße wird in einer Sauciere separat dazu
   gereicht.

④ Als Beilagen eignen sich klassisch Apfelrotkohl und
   Kartoffelklöße.

Wildkaninchen im Topf

Zubereitung:

1. Das vorbereitete Kaninchen in Rücken und Keulen zerlegen.
2. Die Zwiebel und etwas Möhre als Röstgemüse in Würfel schneiden.
3. Rotwein zusammen mit dem Röstgemüse und den Gewürzen aufkochen und abkühlen lassen.
4. Kaninchenteile in dieser Marinade für 24 Stunden einlegen.
5. Nach dieser Zeit die Kaninchenteile herausnehmen und gut abtrocknen.
6. Nun die Stücke mit Salz und Pfeffer würzen.
7. Öl in einem Topf erhitzen und darin die Kaninchenteile von allen Seiten anbraten.
8. Anschließend die Teile herausnehmen und das Öl abgießen, sodass der Bratensatz zurückbleibt.
9. Gemüse und Gewürze aus der Marinade entnehmen und im Bratensatz Farbe nehmen lassen.
10. Alles mit der Marinade ablöschen und auf die Hälfte einkochen.
11. Zwischenzeitlich wird der Speck in Streifen geschnitten.
12. Die 2 restlichen Zwiebeln grob würfeln.
13. Die Mohrrüben schälen, in Stücke schneiden und kurz zusammen Speck und Zwiebeln in der Butter dünsten.
14. Die Waldpilze putzen und klein schneiden.
15. Danach werden die Kaninchenstücke zusammen mit Speck, Zwiebeln, Mohrrüben und den rohen Pilzen in einen kleinen feuerfesten Steinguttopf geschichtet.
16. Den eingekochten Fond über das Gemüse und die Kaninchenteile geben.
17. Den Topf zudecken und bei mittlerer Hitze im Ofen ungefähr 50 Min. gar schmoren lassen.

Servieren:

1. Alles mit gehackter Petersilie bestreuen und mit frischen Thymianzweigen garnieren.
2. In der feuerfesten Form servieren.

Zutaten:

(Mengen für 2 Personen)

1 kleines Wildkaninchen
$3/4$ l Rotwein
1 Möhre
1 Zwiebel
etwas Pfeffer
1 Lorbeerblatt
2 Nelken
4 Wacholderbeeren
20 g Butterschmalz
2 große Zwiebeln
200 g Mohrrüben
50 g Sellerie
150 g Speck
50 g gewürfelte Zwiebeln
250 g Waldpilze oder
    Champignonköpfe
etwas gehackte Petersilie
etwas Salz

Garnitur:
Thymianzweige

Wildschweinkotelett

mit Steinpilzragout, Brokkolitörtchen und Speckkartoffeln

Zutaten:

(Mengen für 4 Personen)

Brokkolitörtchen:

40 g Schalotten
20 g Butter
600 g Brokkoli
100 ml Sahne
3 frische Eigelb
1 frisches Ei
etwas Salz
etwas Pfeffer
etwas Muskat

Steinpilzragout:

400 g Steinpilze
40 g gehackte Schalotten
30 g Speck
20 g Butter
100 ml Sahne
50 g Sauerrahm
100 ml Wildfond
etwas Salz
etwas Pfeffer
20 g frischen Thymian
20 g Mehl
etwas Butter

Speckkartoffeln:

500 g kleine Pellkartoffeln
50 g Schinkenspeck
20 g Butterschmalz
Salz
Pfeffer

Wildbret:

800 g Wildschweinkotelett
     (als Kotelettzuschnitt)
Salz
Pfeffer
3 TL Buchweizenmehl

Zubereitung:

Brokkolitörtchen:

1. Den Brokkoli garen und gut in kaltem Wasser abschrecken.
2. Die Schalotten hacken und in der Butter anschwitzen.
3. Den garfertigen Brokkoli dazu geben, mit der Sahne auffüllen und gemeinsam weitergaren.
4. Dann alles im Mixer pürieren, würzen und mit den Eiern vermengen.
5. Formen ausfetten, die Masse einfüllen und im Wasserbad bei 90 °C im Ofen garen lassen.

Tipp: Das Wasser darf auf keinen Fall kochen, weil die Küchlein sonst löchrig werden!

Steinpilzragout:

1. Die Steinpilze in Scheiben schneiden und zusammen mit Butter, Schalotten und Speck anbraten.
2. Nachdem mit Wildfond aufgefüllt und etwas eingekocht wurde, die Sahne und den Sauerrahm dazugeben und gut würzen.
3. Das Mehl und die zimmerwarme Butter verkneten und ebenfalls in die Soße geben.
4. Alles gemeinsam noch 10 Minuten köcheln lassen, damit der Mehlgeschmack verschwindet.

Speckkartoffeln:

1. Die Kartoffeln kochen.
2. Den Schinkenspeck in feine Würfel scheiden und im Fett anbraten.
3. Dann die Kartoffeln dazugeben und goldgelb braten, würzen und das überschüssige Fett abnehmen.

Wildbret:

1. Die Wildschweinkoteletts würzen, in Mehl wenden und in heißem Fett von beiden Seiten anbraten.
2. Im Ofen bei 180 °C rund 10 Min. gar ziehen lassen.

Servieren:

1. Das Fleisch auf einem Soßenspiegel platzieren.
2. Die Brokkoliküchlein aus der Form stürzen und ebenfalls auf den Teller setzen.
3. Das Ganze mit den kleinen Kartoffeln umlegen.

Wildschwein-Ragout
mit Curry und gebratenen Apfelkugeln

Zubereitung:

Wildbret:

① Das Wildbret in grobe Würfel schneiden, scharf in Butterschmalz anbraten.
② Mit Salz, Pfeffer und dem Curry würzen.
③ Die Zwiebeln, Möhren und Äpfel schälen und würfeln.
④ Knoblauchzehen zerdrücken.
⑤ Alles zusammen zum Fleisch geben, mit Thymian und Lorbeer würzen und kurz mitbraten.
⑥ Alles mit Weißwein und Fleischbrühe ablöschen.
⑦ Nun den Topf mit einem Deckel verschließen und im Ofen bei mäßiger Hitze 150 °C rund 70 Minuten schmoren.
⑧ Anschließend den Schmorfond bei geöffnetem Deckel auf dem Herd etwas einkochen lassen.
⑨ Die Sahne zufügen und süßsauer mit Zitrone, Zucker und Salz abschmecken.

Servieren:

① Das Fleisch anrichten und mit den Apfelkugeln garnieren.
② Als Beilage bietet sich körnig gekochter Reis an.

Zutaten:
(Mengen für 6 Personen)

Wildbret:
1,5 kg Wildschweinfleisch, z. B. vom Blatt
etwas Salz
etwas Pfeffer
1 gehäufter TL Currypulver
1 EL Butterschmalz
2 Zwiebeln
2 Knoblauchzehen
2 Mohrrüben
2 Äpfel
1 Zweig Thymian
1 Lorbeerblatt
1/4 l trockenen Weißwein
3/4 l Fleischbrühe
150 g flüssige Sahne

Gebratene Apfelkugeln:
40 bis 50 ausgestochene Apfelkugeln
60 g Butter

Wildtauben
mit Pfifferlingen

Zutaten:
(Mengen für 6 Personen)

6 Tauben
etwas Salz
etwas Pfeffer
1 TL Majoran
insg. 200 g Butter
6 Scheiben fetter Speck
5 dl braune ungebundene
Soße
3 dl Portwein
2 dl dicke Sahne
150 g durchwachsener
Frühstücksspeck
600 g Pfifferlinge
40 g gehackte Zwiebeln

Garnitur:
etwas Petersilie
etwas Butter

Zubereitung:
1. Die Tauben ausnehmen und putzen.
2. Dann mit Salz, Pfeffer und Majoran würzen und binden.
3. Mit den Speckscheiben umwickeln.
4. So werden die Tauben ungefähr 25 Min. gebraten. Dabei werden sie mehrfach mit ihrem eigenen Sud begossen.
5. Kurz vor dem Garwerden ist der Speck zu entnehmen, damit die Taubenbrüste gebräunt werden können.
6. Anschließend werden die Vögel aus der Pfanne genommen und warm gestellt.
7. Das Bratfett wird aus der Pfanne abgegossen und der Bratensatz mit dem Fond abgelöscht.
8. Den Portwein und die Sahne hinzufügen und bis zur gewünschten Konsistenz einkochen.
9. Dann wird der Fond durch ein Sieb gegeben.
10. Den Frühstücksspeck in Streifen schneiden und zusammen mit Zwiebelwürfeln und Pfifferlingen anbraten.
11. Mit Pfeffer aus der Mühle würzen.

Servieren:
1. Die Tauben dekorativ zusammen mit den Pfifferlingen anrichten.
2. Als Beilage werden 6 große Kartoffeln in Kümmelwasser 20 Minuten gekocht und 15 Minuten eingewickelt in Aluminiumpapier im Ofen bei 200 °C gebacken. Die Ofenkartoffeln werden eingeschnitten, aufgedrückt und in den Schlitz wird ein Stück Butter gesteckt.
3. Die Kartoffeln und die Soße separat servieren.

Süßspeisen

Bickbeerpfannkuchen

Dieser Pfann- oder Eierkuchen ist eine erlesene Delikatesse in allen Heidelbeerwuchsgebieten. Er wird als Hauptmahlzeit oder zum Kaffee gereicht.

Zutaten:
(Mengen für 10 Personen)

250 g Mehl
2 frische Eigelb
1 TL Salz
1/4 l Milch
1/4 l Wasser
2 frische Eischnee
ggf. etwas Vanillezucker
80 g Backfett
Bick-/Heidelbeeren nach
  Geschmack
Zucker zum Bestreuen

Zubereitung:
① Das Mehl in eine Schüssel sieben.
② In die Mitte des Mehlbergs eine Vertiefung drücken.
③ Das Eigelb mit etwas Salz und Milch verquirlen und in die Vertiefung geben.
④ Von der Mitte aus unter Zugabe der restlichen Milch alles so verrühren, dass ein klumpenfreier Teig entsteht.
⑤ Dann das Eischnee aufschlagen und unter den Teig geben.
⑥ Ggf. etwas Vanillezucker einstreuen.
⑦ Die Pfanne mit dem Backfett erhitzen bis es brutzelt.
⑧ Dann mit einer Kelle den flüssigen Teig in die Pfanne geben.
⑨ Wenn die eine Seite abgebacken ist, wird der Kuchen gewendet und mit Blaubeeren belegt. Die Beeren sollten auf dem zugedeckten Pfannkuchen langsam schmoren.
⑩ Wenn der Blaubeerpfannkuchen goldgelb abgebacken ist, wird er auf einen Teller gelegt und mit Zucker bestreut.

Servieren:
Blaubeerkuchen kann heiß gegessen oder aber kalt zum Kaffeetrinken gereicht werden.

Blaubeer-Quark-Krem

Zutaten:
(Mengen für 10 Personen)

250 g Quark
1/4 l Milch
2 – 3 EL frische Blaubeeren
1 EL gemahlene Nüsse
1 EL Heidehonig

Zubereitung:
① Den Quark mit der Milch glattrühren.
② Blaubeeren, Nussmus und Honig dazu geben und unterheben.

Servieren:
① In Portionsschälchen füllen,
② Mit frischen Blaubeeren dekorieren.
③ Ggf. noch im Kühlschrank aufbewahren.

Kommentar: Beliebt bei Jung und Alt – aber bitte stets nur kalt!

Brombeerkrem

Zubereitung:

① Die frischen Brombeeren säubern bzw. tiefgefrorene Brombeeren auftauen.
② Dann werden die Früchte solange vorsichtig aufgekocht, bis der Saft aus ihnen austritt.
③ Dann wird die Masse auf ein Sieb gegeben und passiert.
④ Die Gelatine in kaltem Wasser einweichen, das Wasser bis auf einen kleinen Rest abgießen und die Gelatine in dem Wasserrest unter ständigem Rühren vorsichtig erwärmen, sodass sie sich auflöst.
⑤ Dann wird die Gelatine in das passierte Brombeermark eingerührt.
⑥ Die Brombeergelatine wird gesüßt und kalt gestellt.
⑦ Sobald die Brombeermasse zu gelieren beginnt, wird die Sahne steif geschlagen und unter die Fruchtkrem gehoben.
⑧ Nun muss alles nur noch mit dem Likör und dem Vanillezucker abgerundet werden.

Zutaten:

400–500 g frische oder
    tiefgekühlte Brombeeren
5 Blatt Gelatine
2 EL Zucker
2 Becher süße Sahne (400 g)
1–2 EL Brombeerlikör
1 Tütchen Vanillezucker

Buchweizenpfannkuchen
nach Großmutter-Art

Dieser Pfannkuchen zählt zu den weitverbreitetsten niedersächsischen Gerichten.

Zubereitung:

① Zunächst werden die Eier mit der Buttermilch und der Milch verquirlt.
② Der Kaffee wird untergerührt.
③ Das Buchweizenmehl zugeben und vermischen.
④ Alles mit Salz würzen.
⑤ Nun sollte man den Teig 3 bis 4 Stunden quellen lassen.
⑥ Anschließend das Schmalz in der Pfanne erhitzen und 4 Speckscheiben ausbraten. Danach wieder entfernen.
⑦ In die Fettpfanne wird eine große Kelle Teig gegossen.
⑧ Die Pfannkuchen werden schön ausgebraten.
⑨ Anschließend wird der Kuchen noch warm auf einen Teller gegeben und serviert.

Beilagen:
Der Pfannkuchen kann mit Kronsbeeren oder anderen Waldbeeren belegt werden. Er schmeckt aber auch als herzhafte Variante. Besonders lecker ist er, wenn er mit Honig bestrichen wird und dazu Bratkartoffeln und gebratener Speck gereicht werden.

Zutaten:

(Mengen für 4 Personen)

$1/8$ l Buttermilch
$1/8$ l Milch
$1/8$ l gekochten Kaffee
6 frische Eier
250 g Buchweizenmehl
1 TL Salz
12 Speckscheiben
Butterschmalz zum Braten

Buchweizenpfannkuchen
mit Ebereschenmark und Brombeereis

Zubereitung:

Brombeereis:
1. Die gewaschenen Brombeeren mit dem Himbeergeist übergießen, kurz mit etwas rotem Traubensaft aufkochen und durch ein Sieb streichen.
2. Die Milch und Sahne mit einer Prise Salz und dem Mark einer Vanilleschote erhitzen.
3. Eigelb und Zucker in einer Schale schaumig rühren.
4. Die heiße Milch in die Ei-Zuckermasse geben und alles im Wasserbad rühren, bis es dickflüssig wird.

Tipp: Erhitzen Sie die Eimasse nicht zu hoch, weil dann das Eigelb gerinnt und die Eimasse griesig wird.

6. Anschließend wird die Masse kalt gerührt.
7. Parallel wird die Sahne steif geschlagen.
8. Die Brombeeren und die geschlagene Sahne werden mit der kalten Zucker-Ei-Milch-Masse vermengt.
9. Dann füllt man den Eisrohstoff (Parfaitmasse) in Formen und lässt ihn 5 bis 6 Stunden in der Gefriertruhe durchfrieren.

Ebereschenmark:
1. Die Ebereschenbeeren mit dem Zucker, Zitronensaft und Wasser 30 bis 40 Min. weich kochen.
2. Dann wird das Fruchtfleisch durch ein Sieb gestrichen, damit die Kerne zurückbleiben.
3. Dem Mus werden der Honig und die Sahne zugegeben.
4. Dies alles wird so lange verkocht, bis ein dickflüssiger Brei entsteht.

Buchweizenpfannkuchen:
1. Die beiden Mehlsorten zusammen mit dem Salz in eine Schüssel geben.
2. Mit einem Schneebesen Eier und Eigelb verquirlen.
3. Die verquirlten Eier dem Mehlsalz zugeben und so lange verrühren bis ein glatter Teig entstanden ist.
4. Dann auch die Milch und das Mineralwasser zufügen und alles kräftig aufschlagen.
5. Die Butter durch Erhitzen verflüssigen und ebenfalls unter den Teig rühren.
6. Den Teig ca. 1 Std. ruhen lassen.
7. Dann werden in einer kleinen Pfanne mit heißem Butterschmalz nacheinander 4 goldgelbe Pfannkuchen gebacken.

Servieren:
1. Die warmen vier Kuchen mit dem Mark bestreichen.
2. Die bestrichenen Pfannkuchen zu Vierteln zusammenklappen und auf einem Teller anrichten.
3. Das Eis aus der Form stürzen, in Scheiben schneiden und auf dem Teller platzieren.
4. Den Pfannkuchen vor dem Servieren mit Puderzucker bestreuen.

Zutaten:
(Mengen für 4 Personen)

Brombeereis:
180 g Brombeeren
40 ml Himbeergeist
4 frische Eigelb
140 g Zucker
1/2 Vanillestange
1/4 l Sahne
1/2 l Milch

Ebereschenmark:
150 g Ebereschenbeeren
Saft 1 Zitrone
100 g Zucker
200 ml Wasser
1/8 l Sahne
3 TL Honig

Buchweizenpfannkuchen:
40 g Mehl
40 g Buchweizenmehl
1 Prise Salz
2 frische Eier
1 frisches Eigelb
100 ml Milch
50 ml Mineralwasser
    mit Kohlensäure
20 g Butter
4 EL Puderzucker
etwas Butterschmalz
    zum Braten

Gefüllte Sauerkrem

mit frischen Blaubeeren

Zutaten:

(Mengen für 8 Personen)

500 g Blaubeeren
9 Blatt weiße Gelatine
300 g saure Sahne
300 g Crème fraîche
150 g Joghurt
150 g Zucker
2 P. Vanillezucker
1 Zitrone
1/2 l süße Sahne

Zubereitung:

1. Die Blaubeeren entstielen und gut waschen.
2. Die Gelatineblätter in kaltem Wasser einweichen.
3. Die saure Sahne, das Crème fraîche, den Joghurt, Zucker und Vanillezucker mit einem Schneebesen in einer Schale gut aufrühren, bis der ganze Zucker aufgelöst und die Masse glatt ist.
4. Die Zitrone auspressen und den Saft in einem kleinen Topf erhitzen.
5. Die eingeweichte Gelatine gut ausdrücken und im heißen Zitronensaft auflösen.
6. Danach muss die Zitronengelatine etwas abkühlen, bevor sie mit dem Schneebesen zügig unter die Krem gerührt wird.
7. Ein Viertel der Krem abnehmen und zusammen mit etwa 150 g der Blaubeeren mit dem Pürierstab zu einer glatten bläulichen Masse zerkleinern.
8. Nun wird die andere, die helle Krem in ein kaltes Wasserbad gesetzt und so lange gerührt, bis die Gelatine leicht zu binden beginnt.
9. Wenn das Binden einsetzt muss die Krem aus den Wasserbad genommen und die geschlagene Sahne zügig untergehoben werden.

1. Tipp: Vermeiden Sie starkes Rühren, weil es der Krem das Volumen und die Luftigkeit nimmt.

2. Tipp: Sollte Ihre Krem zu schnell fest geworden sein, bevor Sie die Sahne unterheben konnten, können Sie sie in einem heißen Wasserbad wieder verflüssigen!

⑩ Die helle Masse in eine große Form oder in Portionsförmchen füllen. Dabei ist darauf zu achten, dass die Schälchen nicht ganz gefüllt werden.

⑪ Die bläuliche Masse in einen Spritzbeutel (Sahnebeutel) füllen und in die helle Krem spritzen. Dabei muss die Tülle des Spritzbeutels in die Mitte der hellen Krem gedrückt werden, damit eine gleichmäßige Füllung zustande kommt.

⑫ Anschließend werden die Formen gut abgedeckt einige Stunden kalt gestellt.

⑬ Vor dem Servieren werden die Formen kurz in heißes Wasser getaucht, damit die Masse gestürzt werden kann.

⑭ Wurde eine große Form verwendet, ist die Krem aufzuschneiden,

⑮ Abschließend wird die verfestigte Krem zusammen mit den Blaubeeren dekorativ angerichtet und serviert.

Geißblattparfait
mit Walderdbeeren und Walnussschaum

Zutaten:
(Mengen für 4–6 Personen)

Geißblattparfait
mit Waldbeeren:
100 ml Wasser

100 g Zucker

5 Geißblattstiele

200 g Walderdbeeren

200 g Blaubeeren

2 EL Geißblattsirup

100 ml Geißblattsirup

250 ml Milch

4 frische Eigelb

1/2 l süße Sahne

Saft einer Zitrone

Walnussschaum:
2 EL Walnussöl

40 g Zucker

100 g gehackte Walnüsse

6 frische Eigelb

80 g Tannenhonig

1/2 Vanilleschote

1/2 l Milch

Zubereitung:
Geißblattparfait mit Waldbeeren:
① Die Geißblattstiele, den Zucker und das Wasser aufkochen.
② Alles 10 Min. köcheln lassen.
③ Wenn die Masse abgekühlt ist, wird sie durch ein Sieb gegossen.
④ Die Wald- und Blaubeeren entstielen und waschen.
⑤ Dann werden die Beeren mit 2 EL Geißblattsirup mariniert.
⑥ Die Masse kühl stellen.
⑦ Währenddessen die 100 ml Sirup mit der Milch erhitzen.
⑧ Die Eigelbe schaumig rühren.
⑨ Dann die heiße Buttermilch unter die Eier geben.
⑩ Die Eiermasse im heißen Wasserbad cremig rühren.
⑪ Dann aus dem Wasserbad nehmen und kalt rühren.
⑫ Die Sahne steif schlagen.
⑬ Die geschlagene Sahne unter die Eierkrem heben.
⑭ Die Krem in Formen füllen.
⑮ Die Förmchen im Tiefkühler gefrieren lassen.

Walnussschaum:
① Den Zucker mit dem Öl in einem Topf zu Karamell zerlassen.
② Die Nüsse hinzufügen
③ Das Eigelb mit dem Honig und dem Vanillemark schaumig rühren.
④ Die Milch erhitzen und der Nussmasse zufügen.
⑤ Die heiße Nussmilch zur Honig-Ei-Masse geben und noch im heißen Zustand aufschlagen.
⑥ Dann die Soße abkühlen lassen.

Servieren:
① Mit dem Walnussschaum einen Soßenspiegel gießen.
② Das Eis aus der Form stürzen und in der Soße platzieren.
③ Alles mit den eingelegten Beeren dekorativ umgeben.

Hagebutten-Kompott

Zubereitung:

① Die reifen Hagebutten mit kochendem Wasser abbrühen.
② Anschließend in kaltem Wasser abschrecken.
③ Die Rosinen mit dem Wein, dem Apfelsaft, der abgeriebenen Zitronenschale und dem Zimt in einen Topf geben und aufkochen.
④ Dann auch die Hagebutten hinzufügen und auf hoher Flamme etwas einkochen.
⑤ Mit einigen Löffeln Apfelmus nachbinden.
⑥ Auskühlen lassen.

Servieren:
Entweder dekorativ abfüllen und aufbewahren oder in kleinen Schälchen gleich servieren.

Zutaten:
(Menge für 4 Personen)

500 g Hagebutten
$1/4$ l Apfelsaft
125 g große kernlose Rosinen
$1/4$ l Wein
Msp. abgeriebene Schale einer unbehandelten Zitrone
Zimt nach Geschmack

Holunderküchlein

Zubereitung:

① Mehl, Butter, Eier, Salz und Milch zu einem glatten Teig verrühren.
② Den Teig erst einmal eine Stunde kühl ruhen lassen.
③ Wähenddessen die Holunderblüten waschen und klein schneiden. An jeder Blüte wird lediglich ein langer Stängel belassen. Er dient dazu, die Blüten in den Teig und ins Öl zu tauchen.
④ Das Sonnenblumenöl erhitzen.
⑤ Dann die Holunderblüten tatsächlich mit Hilfe ihrer Stängel zunächst in den Teig drücken, herausziehen, den Teig abtropfen lassen und dann im sprudelnden Fett backen lassen, bis sie Farbe genommen haben.
⑥ Sobald sie leicht gebräunt sind, werden die Teigblüten aus dem Öl genommen, abtropfen gelassen und von ihrem behelfsmäßigen Stängel befreit.
⑦ Die gebackenen Holunderblüten mit Puderzucker bestreuen und mit Zitronensaft beträufeln.
⑧ Die Köstlichkeit sollte noch heiß serviert werden.

Zutaten:
(Mengen für 4 Personen)

120 g Mehl
30 g Butter
2 frische kleine Eier
1 Tasse Milch
einige frische Holunderblüten
etwas Puderzucker
etwas Salz
etwas Zitronensaft
etwas Sonnenblumenöl

Mohnkrem
mit Waldbeeren und weißem Rübensirup

Zubereitung:
1. Den Mohn in der Milch aufkochen.
2. Das Eigelb mit dem Rübensaft schaumig rühren.
3. Die heiße Mohnmilch langsam zum Rübensaft gießen.
4. Die Gelatine einweichen, ausdrücken und zur übrigen Masse geben.
5. Alles mit dem Orangenlikör abschmecken.
6. Die Masse im Wasserbad kalt rühren.
7. Die Sahne steif schlagen.
8. Die steife Sahne unter die Masse heben, wenn diese zu gelieren beginnt.
9. Die Krem in Formen füllen und kalt stellen.

Waldbeerensoße:
1. Die Hälfte der Beeren mit dem Puderzucker vermengen und pürieren.
2. Die Masse pürieren.

Servieren:
1. Mit den pürierten Beeren einen Soßenspiegel auf die Teller gießen.
2. Die Förmchen stürzen und die Kremteile in die Soße setzen.
3. Alles mit den restlichen Beeren dekorativ umlegen.
4. Zum Schluss den Rübensirup erwärmen und über die Mohnkrem mit Waldbeeren ziehen.

Zutaten:
(Mengen für 4 Personen)

Mohnkrem mit Waldbeeren:
50 g gemahlenen Mohn
250 ml Milch
3 frische Eigelb
50 g Rübensirup
5 Blatt weiße Blattgelatine
250 ml süße Sahne
3 TL Orangenlikör

Waldbeerensoße:
100 g Himbeeren
100 g Blaubeeren
2 EL Puderzucker

Garnitur:
100 g Himbeeren
100 g Blaubeeren
4 EL Rübensaft

Rote Grütze

Rote Grütze gibt es in vielen Zusammensetzungen in vielen Regionen und Ländern. Ihren Ursprung hat die echte „Rode Grütt" jedoch in Norddeutschland. Selbst Thomas Mann hat ihr in seinen „Buddenbrooks" ein Denkmal gesetzt.

Zutaten:

1 kg frische, reife Früchte
(Blau-, Him-, Johannis-,
Brom-, Erdbeeren, Kirschen
und Pflaumen)
1 l Wasser
125 g Zucker
100 g Stärkemehl
1/8 l Rum

Zubereitung:

① Die Früchte je nach Erntezeit zusammenstellen. Unreife und schlechte Früchte sind unbedingt zu entfernen.

② Die Früchte (bis auf eine 1/2 Tasse) mit dem Wasser und 80 g Zucker in einen Topf geben und bei mittlerer Hitze garen lassen. Dabei ist unter vorsichtigem Umrühren darauf zu achten, dass die Früchte nicht zerfallen oder zerstoßen werden.

③ Alles abschmecken und ggf. mit Zucker nachsüßen.

④ Das Stärkemehl anrühren und die Grütze damit andicken.

⑤ Alles noch einmal aufkochen lassen und dann unverzüglich vom Herd nehmen.

⑥ Nun wird der Rum vorsichtig untergerührt.

⑦ Die 1/2 Tasse der zurückbehaltenen rohen Früchte wird nun mit der Gabel püriert und ebenfalls unter die übrige Masse gegeben.

Servieren:

① Die Rote Grütze kann warm oder kalt serviert werden.

② Als Beilage werden Milch, Sahne, Vanillesoße oder Eis gereicht.

Sauerampfer-Walnusskrem

auf Hagebuttenmark und Birnenspalten

Zubereitung:

① Die Butter zerlassen und mit dem Zucker zu Karamell verkochen.

② Die Milch zugeben.

③ Dann den Nougat in der Karamellmilch auflösen.

④ Das Ei zusammen mit dem Eigelb aufschlagen.

⑤ Die Nougatmilch in die Eier rühren.

⑥ Die Masse im heißen Wasserbad aufschlagen.

⑦ Die Gelatine einweichen, ausdrücken und ebenfalls in die heiße Masse geben.

⑧ Unter ständigem Rühren die Gelatine in der Masse auflösen.

⑨ Das Gefäß im Eiswasserbad kalt rühren.

⑩ Parallel die Sahne steif schlagen.

⑪ Den Sauerampfer fein hacken.

⑫ Sobald die Masse abzubinden beginnt, die steife Sahne und den fein gehackten Sauerampfer unterheben.

⑬ Die Krem in eine flache Schale geben und kalt stellen.

Kandierte Birnenspalten:

① Die Birnen schälen, halbieren und entkernen.

② Dann die Hälften fächerförmig aufschneiden,

③ Den Weißwein und Zucker aufkochen.

④ Die Birnen in den Zuckerwein geben und bissfest garen.

⑤ Den Birnengeist zugeben.

⑥ Alles kalt stellen.

Hagebuttenmark:

① Den Zucker in der Butter zerlassen.

② Das Hagebuttenmark, den Rotwein und das Eigelb bei kleiner Hitze in der zerlassenen Butter cremig rühren.

③ Anschließend alles durch ein Sieb passieren.

④ Die Soße kalt stellen.

Servieren:

① Das Hagebuttenmark auf dem Teller verteilen.

② Von der Krem mit einem warmen Löffel Nocken abstechen.

③ Die Nocken zusammen mit den kalten Birnen dekorativ anrichten.

Zutaten:

(Mengen für 4 Personen)

Sauerampfer-Walnusskrem:

20 g Butter

40 g Zucker

100 g gemahlene Walnüsse

250 ml Milch

50 g Nussnougat

1 frisches Ei

2 frische Eigelb

6 Blatt Blattgelatine

1 Töpfchen oder 10 große Blätter Sauerampfer

250 ml süße Sahne

kandierte Birnenspalten:

2 kleine Birnen

1/8 l Weißwein

20 ml Birnengeist

50 g Zucker

Hagebuttenmark:

40 g Brauner Zucker

1/8 l Rotwein

2 frische Eigelb

20 g Butter

150 g Hagebuttenmark (Reformhaus)

Spargeleis
mit Löwenzahnhonig, Preiselbeerkompott und Dinkelherzen

Zubereitung:

Spargeleis:
1. Den Spargel fein zerkleinern, pürieren und durch ein Sieb passieren.
2. Den Spargelpüree mit Grand Marnier verrühren.
3. Das Eigelb und Honig in einer Schüssel in einem heißen Wasserbad cremig schlagen.
4. Nach und nach den Spargel und die Zitrussäfte darunter rühren.
5. Die Schüssel aus dem warmen Wasserbad nehmen und stattdessen in Eiswasser setzen.
6. Unter Rühren die Masse erkalten lassen.
7. Die Sahne steif schlagen und unter die kalte Masse ziehen.
8. Die Krem in Formen füllen und im Gefrierschrank gefrieren lassen.

Dinkelherzen:
1. Das Kokosfett unter Hitze auflösen und dann auf Zimmertemperatur abkühlen lassen.
2. Nach und nach Puderzucker, Mehl und Stärkemehl einarbeiten.
3. Mit Vanille und Zimt abschmecken.
4. Dann in einem gefetteten Herzwaffeleisen ausbacken.

Preiselbeerkompott:
1. Die Preiselbeeren mit dem Zucker, dem Zitronensaft und dem Portwein 10 Min. lang kochen.
2. Alles mit der angerührten Speisestärke binden.

Servieren:
1. Das Kompott in die Mitte des Tellers geben.
2. Das Eis aus den Förmchen stürzen und in das Kompott setzen.
3. Das Ensemble mit den Waffelherzen umlegen.
4. Alles mit dem Puderzucker bestäuben.

Zutaten:
(Mengen für 4 Personen)

Spargeleis:
250 g geschälten Spargel
4 cl Grand Manier
4 frische Eigelb
100 g Löwenzahnhonig
von 1 Zitrone Zitronensaft
100 ml Blutorange
500 ml süße Sahne

Dinkelherzen:
150 g Kokosfett
150 g Puderzucker
20 g Stärkemehl
50 g Dinkelmehl
Mark einer $1/2$ Vanilleschote
Prise Zimt

Preiselbeerkompott:
200 g Preiselbeeren
50 g Zucker ·
Saft von einer Zitrone
10 ml Portwein
1 EL Speisestärke
4 EL Wasser
4 EL Puderzucker

173

Spargelsalat
in Karamellsoße mit Waldbeeren

Zubereitung:

Spargelsalat in Karamellsoße:

1. Den Spargel schälen und in Stücke schneiden,
2. Den Zucker in einem Topf erhitzen und zu Karamell schmelzen lassen.
3. Die Sahne dazu geben und einkochen lassen bis die Soße andickt.
4. Den Spargel dazu geben und 5 Min. garen lassen.
5. Den Spargel im Topf erkalten lassen.
6. Anschließend den erkalteten Spargel auf ein Sieb geben und abtropfen lassen.

Waldbeeren:

1. Alle Waldbeeren von Stielen und Blättchen befreien.
2. Dann in Wasser säubern.

Servieren:

1. Spargel mit den Beeren auf einem Teller anrichten.
2. Alles mit der Karamellsoße übergießen.
3. Kurz vor dem Servieren mit Puderzucker bestreuen und mit der Sahne garnieren.

Zutaten:

(Mengen für 4 Personen)

Spargelsalat und Karamellsoße:

300 g Spargel
100 g Zucker
200 ml süße Sahne

Waldbeeren:

100 g kleine Erdbeeren
100 g Brombeeren
100 g Himbeeren
100 g Blaubeeren

Garnitur:

3 TL Puderzucker
100 ml süße Sahne

Waldbeerengrütze
mit Grießrauten

Zubereitung:

① Die Früchte verlesen, gut waschen und von den Stielansätzen befreien.

Tipp: Es müssen nicht immer frische Waldfrüchte sein. Heute werden relativ preiswerte schockgefrorene Beerenfrüchte angeboten, mit denen man ebenfalls eine schmackhafte Grütze herstellen kann. Allerdings sollte man gefrorene Früchte vor der Zubereitung nicht auftauen, weil sie sonst weich und matschig werden!

② Den Wein zusammen mit dem Saft sowie etwa $1/3$ der Beeren und dem Zucker zum Kochen bringen.

③ Das Sago einstreuen und unter regelmäßigem Rühren so lange kochen, bis die Sagokörner vollständig glasig geworden sind.

④ Das Stärkemehl mit dem Wasser anrühren und mit einem Schneebesen in die kochende Beerenflüssigkeit rühren.

⑤ Wenn die Masse ganz klar und die gesamte Stärke verkleistert ist, wird die Flüssigkeit vom Herd genommen.

⑥ Die restlichen rohen Beeren in eine feuerfeste Schale geben und mit Zimt, Zitrone und Vanillezucker würzen.

⑦ Die klebrige heiße Flüssigkeit gleichmäßig über die rohen Beeren geben. Für die Haltbarkeit der Grütze ist es besonders wichtig, dass alle Beeren von der klebrigen Masse umhüllt sind.

⑧ Mit einem Kochlöffel vorsichtig in der Grütze stochern, damit die heiße Flüssigkeit überall hin gelangt und auch durch die Früchte sickert. Dabei ist darauf zu achten, dass die Früchte nicht zerdrückt werden.

⑨ Dann die Grütze über Nacht im Kühlschrank ziehen lassen.

Grießrauten:

① Die Milch mit einer ausgekratzten Vanilleschote, der Butter, dem Zucker und einer Prise Salz zum Kochen bringen.

② Den Grieß einstreuen und unter ständigem Rühren zu einem Brei kochen.

③ Die abgeriebene Zitronenschale dazu geben.

④ Das Ei trennen.

⑤ Das Eigelb zügig in die noch heiße Grießmasse rühren.

⑥ Das Eiklar zu Schnee schlagen.

⑦ Den steifen Eischnee unter die handwarme Grießmasse heben.

⑧ Die Masse auf ein mit Zucker bestreutes Backpapier geben.

⑨ Die Grießfläche in Rauten einteilen.

Tipp: Alternativ zu den Rauten können auch Grießklößchen aus zwei Löffeln geformt werden und auf dem gezuckerten Backblech abgelegt werden.

Servieren:

① Vor dem Servieren wird die Grütze gut aufgerührt.

Tipp: Sollte die Grütze zu fest geworden sein, kann man sie mit etwas Apfel- oder Kirschsaft flüssiger machen. Sehr reife Früchte enthalten manchmal zu wenig Säure, dann muss man mit Zitronensaft nachwürzen.

② Die Rote Grütze wird zusammen mit den Grießklößchen in tiefen Tellern oder kleinen Schalen angerichtet.

Zutaten:
(Mengen für 8 Personen)

Waldbeerengrütze:
1/2 l Rotwein
1/4 l Kirschsaft oder Apfelsaft
250 g Himbeeren
250 g Brombeeren
250 g Blaubeeren
100 g Walderdbeeren
200 g Zucker
25 g Perlsago
30 g Stärkemehl
einige EL Wasser
etwas Zimt
etwas Zitrone
2 Päckchen Vanillezucker

Grießrauten:
1/4 l Milch
1 Vanilleschote
20 g Butter
150 g Zucker
1 Prise Salz
1 frisches Ei
Schale einer unbehandelten Zitrone
50 g Kristallzucker

Walnuss-Auflauf
mit eingelegtem Rhabarber und Quarksoße

Zutaten:
(Mengen für 4 Personen)

Walnuss-Auflauf:
60 g Blockschokolade
60 g gehackte Walnüsse
60 g weiche Butter
3 frische Eigelb
1 EL Stärkemehl
3 frische Eiweiß
60 g Puderzucker
Zucker

eingelegter Rhabarber:
400 g Rhabarber
150 g Zucker
Saft einer 1/2 Zitrone
60 g Preiselbeermarmelade
1/2 Zimtstange
200 ml Rotwein
80 ml Portwein

Quarksoße:
2 frische Eigelb
50 g Zucker
100 g Speisequark
200 ml Sahne
1 Schote Vanillemark
Saft einer Zitrone

Zubereitung:

Walnuss-Auflauf:
1. Die Schokolade zerkleinern und in einem Wasserbad schmelzen.
2. Die Hälfte des Puderzuckers mit dem Eigelb und der Butter schaumig rühren.
3. Die Schokolade unter die Puderzuckermischung geben.
4. Dann die Nüsse und das Stärkemehl unterheben.
5. Das Eiweiß steif schlagen.
6. Den Rest des Puderzuckers unter das Eiweiß geben.
7. Das Puderzuckereiweiß unter die Schokoladennussmasse geben.
8. Kleine Formen ausbuttern und mit Zucker ausstreuen.
9. Die Schokomasse in die Formen füllen.
10. Die gefüllten Förmchen in ein heißes Wasserbad setzen und im Ofen bei 190 °C ungefähr 20 Min. garen.

eingelegter Rhabarber:
1. Den Rhabarber waschen, schälen und in Stücke schneiden.
2. Die Stücke in eine Schale geben, mit dem Zucker bestreuen und den Zitronensaft zugeben,
3. Alles 1 Std. ziehen lassen.
4. Danach den eingelegten Rhabarber mit den Preiselbeeren, der Zimtstange, dem Rot- und Portwein aufkochen lassen.
5. Rhabarber entnehmen.
6. Fond stark einkochen und wieder mit den Rhabarberstücken vermengen.

Quarksoße:
1. Das Eigelb mit dem Zucker schaumig rühren.
2. Die Sahne mit dem Vanillemark aufkochen.
3. Dann die heiße Vanillesahne langsam in die Eimasse geben und gut verrühren.
4. Den Quark dazu geben und glatt rühren.

Servieren:
1. Auf den Tellern jeweils einen Spiegel aus der Quarksoße gießen.
2. Den Auflauf stürzen und in die Soße setzen.
3. Mit dem Rhabarber dekorativ umlegen.

Heideprodukte

Heideprodukte, bei denen die Heide schon im Namen steht:

Heidelandschaften

Heidelandschaften gab – und gibt es zum Teil auch heute noch – überall dort, wo der Atlantik für milde Winter sorgt. Entsprechend karge und doch reizvolle Kulturlandschaften sind überall in Europa entstanden. Mal moorig und torfig, mal sandig, mal steinig – es gibt viele Varianten, der nährstoffarme Boden ist ihnen gemein. Das immergrüne Heidekraut versorgt das Vieh ganzjährig. Erika, Ginster, Birken und Wacholder beleben das sonst recht öde Bild. Durch Umwelteinflüsse und durch den Rückgang ihrer artgerechten Bewirtschaftung sind die Heidegebiete innerhalb von hundert Jahren auf lediglich zehn Prozent ihres ursprünglichen Ausmaßes geschrumpft. Die letzten kleinen Gebiete werden unter Naturschutz gestellt und unter hohem Aufwand erhalten.

Naturschutzgebiet Lüneburger Heide

Eine der bekanntesten Heidelandschaften ist sicherlich die Lüneburger Heide. Zu ihrer Bekanntheit hat vor allem auch die Heideromantik der 50er-Jahre beigetragen. Der erfolgreichste deutsche Heimatfilm aller Zeiten, die Hans Deppe-Verfilmung „Grün ist die Heide", hat der Region einen ungeheuren Antrieb verliehen und als touristische Attraktion weit über die Region und Deutschland hinaus bekannt gemacht.

Das Naturschutzgebiet Lüneburger Heide ist eines der größten und ältesten in Deutschland: Bereits 1906 kauften Pastor Wilhelm Bode und Professor Andreas Thomsen das erste Gebiet auf, den Totengrund am Wilseder Berg. Damit kamen die Heideschützer kaufkräftigen Hamburgern zuvor, die sich hier den Grund für Ferienhäuser sichern wollten. 1910 nahm sich der Verein Naturschutzpark der Lüneburger Heide an und kaufte Stück um Stück der Heide auf. Mittlerweile besitzt der Verein schon 230 Quadratkilometer der sandigen Landschaft, auf dessen ödem Boden das dürre Kraut und sehr viel Moos wächst, verkrüppelte Bäumen stehen und jede Menge Findlinge herumliegen.

Heidekraut

Kaum einem Kraut wird so viel Aufmerksamkeit geschenkt, wie dem immergrünen Heidekraut. Seine violetten Blüten, die sich regelmäßig im August zeigen, werden alljährlich in Heideblütenfesten gefeiert, zu ihrer Ehre werden jährlich Heideköniginnen gekürt. In Amelinghausen, Schneverdingen, Westerweyhe, Wittorf, Holm-Seppensen und in der Nemitzer Heide gibt es jeweils eine solche Majestät. Dabei ist das zähe, dürre Kraut nicht sehr vielfältig einsetzbar. Es ist nicht schmackhaft und die Blütenpracht überdauert nicht einmal drei Wochen. Eine Verwendungsmöglichkeit des Heidekrautes, die schon unsere Großeltern kannten, soll hier nicht fehlen:

Heideblütentee mit Honig

Schon Pfarrer Sebastian Kneipp lobte den vergessenen Heidetee als Mittel gegen Rheuma und Gicht. Auch als Einschlafhilfe soll er Gutes leisten.

Zubereitung:
1. Das Wasser zum Kochen bringen.
2. Das kochend heiße Wasser über die Blüten gießen.
3. Das Gebräu 10 Minuten ziehen lassen, über ein Teesieb seihen.
4. Das Ganze nach Geschmack mit Heidehonig süßen.

Pfarrer Sebastian Kneipp rät:
„2 Mal täglich eine Tasse langsam trinken."
Das schmeckt nicht nur lecker, sondern fördert auch das Wohlbefinden.

Tipp: Frische Heidekrautblüten werden im Juli/August gesammelt und im Schatten getrocknet.

Zutaten:

1 TL Heidekrautblüten
$1/4$ l Wasser

Heidebeeren-Kuchen

Zubereitung:
1. Die Margarine mit dem Zucker, Vanillezucker und der Zitronenschale schaumig schlagen.
2. Nach und nach die Eier und die Crème fraîche hinzufügen.
3. Das Mehl, Backpulver und die Mandeln vermischen und unter die Krem rühren.
4. Die Blaubeeren von Blättern und Stielen befreien, waschen und in einem Sieb gut abtropfen lassen.
5. Ein Backblech einfetten oder mit Backpapier auslegen.
6. Den Teig gleichmäßig darauf verteilen.
7. Die Teigschicht möglichst gleichmäßig mit Blaubeeren belegen.
8. Den Kuchen im vorgeheizten Backofen bei 200 °C etwa 30 Min. lang goldbraun backen.
9. Danach aus dem Ofen nehmen und gut auskühlen lassen.

Servieren:
1. Den Blechkuchen in Stücke schneiden.
2. Zusammen mit Schlagsahne anbieten.

Zutaten:
(Mengen für 10 Personen)

300 g Margarine
250 g Zucker
1 P. Vanillezucker
1 TL abgeriebene Schale einer
   unbehandelten Zitrone
4 frische Eier
100 g Crème fraîche
300 g Mehl
2 TL Backpulver
100 g gemahlene Mandeln
750 g Blaubeeren
2 EL Puderzucker

Heidebrot

Als Heidebrot wird ein freigeschobenes, langes Roggenmischbrot bezeichnet, das eine glänzende, genarbte Oberfläche besitzt und einen kräftigen Geschmack hat.

Heidegrütze

Wird Buchweizenschrot in Wasser gekocht, spricht man von Heidegrütze.

Heidehonig

Heidehonig – Für ihn brummt und summt die Heide

Der echte Heidehonig ist ein reines Naturprodukt, das von den Bienenvölkern der Heide produziert und von Heideimkern geerntet wird. Wenn die Heide im August blüht, sind auch die Bienen besonders fleißig. Dann entsteht der berühmte Heidehonig. Der geleeartige bis dickflüssige goldbraunfarbene Honig entsteht, wenn Bienen den Nektar der Gemeinen Heide und Erika-Pflanzen sammeln und verarbeiten. Heidehonig ist sehr mineralstoffreich, hocharomatisch und besitzt oft einen etwas herben Geschmack. Er lässt sich hervorragend als Tafelhonig verwenden, wird aber auch zum Süßen von Süßspeisen und in Gebäck verwendet. Heidehonig eignet sich aber auch hervorragend zum Glacieren. Durch Heidehonig kann man zum Beispiel einer gebackenen Wildente zu einer schönen Farbe verhelfen.

Die Schwarmbienenzucht ist für die Heidebauern ein traditionelles Zusatzgeschäft. Neben dem Honig stellen sie auch Bienenwachskerzen her. Sicherlich gibt es einen Imker auch in Ihrer Nähe. Bei ihm werden Sie vielleicht nicht den Heidehonig bekommen, aber auch seine Bienen sammeln sicherlich fleißig den Nektar der umliegenden Blumen und Pflanzen, die dann den Geschmack des Honigs beeinflussen.
Um jedoch auch echten deutschen Honig zu erhalten, sollten Sie auf folgendes achten:

① Deutsche Imker verwenden ein Einheitsglas mit einem genormten Deckel
② Jedes Glas besitzt ein grünes Etikett mit dem Stempel des Imkerbundes. Zudem befinden sich eine Kontrollnummer und die Anschrift des Abfüllers auf der Banderole.

Heideblütenhonig-Parfait

Zubereitung:

①　Die Eier und das Eigelb sowie den Honig in eine feuerfeste Schüssel geben und mit dem Rührbesen aufschlagen. Dies gelingt am besten, wenn man die Schüssel über Wasserdampf hält. Die Krem wird so lange gerührt bis sie dicklich wird.

Tipp: Sollten die Eier stocken, dann wird die Schüssel einfach in kaltes Wasser gestellt und gerührt.

②　Das Vollkornbrot wird von seiner Rinde befreit und in einem Töpfchen zerbröselt.

③　Zu den Brotkrumen wir der Likör gegossen.

④　Diese Lokörtunke wird unter die Eimasse gehoben.

⑤　Jetzt die Sahne steif schlagen.

⑥　Sobald sie steif ist, wird ein Viertel in die Ei-Likör-Vollkornmasse gerührt. Der Rest der Sahne wird dann nur noch vorsichtig untergehoben.

⑦　Die Krem wird in kalte Förmchen gefüllt und für mindestens 12 Std. eingefroren.

Servieren:

①　Die Förmchen auf Dessertteller stürzen und etwas weich werden lassen.

②　Zusammen mit Waldbeerenkompott servieren.

Zutaten:
(Mengen für 10 Personen)

3 frische Eier
2 frische Eigelb
100 g Heidehonig
200 g Vollkornbrot
2 EL Pomeranzenlikör
500 g Sahne

Frische Heidekartoffeln

mit Quark-Speck-Stippe

Zutaten:

1 1/2 Kartoffeln
etwas Salz
1 EL Kümmel
150 g gewürfelten Bauchspeck
150 g gewürfelte Zwiebeln
Butterschmalz zum Braten
700 g Speisequark
150 g Milch
Kräuter nach Wunsch
  (z.B. Schnittlauch, Petersilie,
  Estragon und Kerbel)
schwarzen Pfeffer aus der
  Mühle

Neue Heidekartoffeln werden Anfang Juni geerntet. Sie haben einen feinen Eigengeschmack und sollten unbedingt einmal mit einer Quark-Speck-Stippe gegessen werden. Ein einfaches und preisgünstiges Gericht mit großer Wirkung.

Zubereitung:

① Die Kartoffeln abwaschen und ungeschält in einem Topf zusammen mit Salz und Kümmel abkochen. Anschließend das Wasser abgießen.
② Nebenbei werden der Speck und die Zwiebeln gewürfelt.
③ Das Butterschmalz wird in einer Pfanne erhitzt und der Speck sowie 100 g der Zwiebeln werden hinzugegeben und angeschwitzt.
④ Parallel dazu werden die Kräuter gehackt.
⑤ Der Quark wird mit der Milch glatt gerührt und die gehackten Kräuter und restlichen Zwiebelwürfel werden ebenfalls untergemengt. Die Quarkkrem wird mit etwas Zitrone, Salz und Pfeffer abgeschmeckt.

Servieren:

① Die Kartoffeln werden ungeschält in einer Schüssel serviert. Jeder pellt sich die Schale selber ab.
② Die ölige Speck-Zwiebel-Soße wird zum Übergießen der gepellten Kartoffeln gereicht.
③ Der angemachte Quark kommt ebenfalls separat auf den Tisch.

Heidekorn oder Buchweizen:

In der Heide nennt man den Buchweizen auch Bookweeten, Janhinnerk oder Heidekoorn. Buchweizen ist keine Getreideart, sondern gehört – wie Sauerampfer oder Rhabarber – zu den Knöterichgewächsen. Er stammt aus Asien, ist aber seit dem Mittelalter auch auf den kargen Böden Norddeutschlands angebaut worden. In der Heide pflanzte man den Buchweizen vor allem auf den Hochmooren an, auf denen das Kraut zur Ackergewinnung abgebrannt wurde.

Die buschige Pflanze kann bis zu 1 Meter hoch werden, in der Heide findet man jedoch überwiegend kleine 15 bis 60 cm hohe Pflänzchen vor. Buchweizen wird heute in der Heide hauptsächlich als Gründüngung und als Bienenweide angebaut. Die stark duftenden weißen oder rosa Blütentrauben blühen einen guten Monat und ziehen mit ihrem Duft unzählige Bienen an, die aus ihrem Nektar einen überaus aromatischen, dunkelfarbigen Honig produzieren.

Die reifen Körner sind schwarz und scharfkantig. Sie werden in verschiedenen Stärken zu Buchweizenmehl verarbeitet, das heute wieder unter Kuchenbäckern und feinen Köchen sehr beliebt ist. Buchweizen besitzt kein Klebereiweiß (Gluten), wodurch reine Buchweizenteige nicht aufgehen können. Buchweizen wird vorwiegend als Zutat von Suppen und Brei verzehrt. Aber auch viele andere Speisen lassen sich mit ihm zubereiten, z. B. Nudeln, Pfannkuchen, Polenta, Plätzchen und nicht zuletzt der traditionelle Festtagskuchen in der Lüneburger Heide: die Buchweizentorte mit Kronsbeerfüllung.

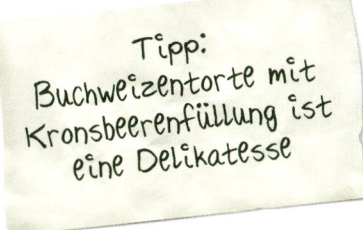

Tipp: Buchweizentorte mit Kronsbeerenfüllung ist eine Delikatesse

Buchweizentorte

Buchweizen-Torte
oder Heidjer-Torte

Zubereitung:

Teig:

① Die Eier mit dem Zucker und Vanillezucker 10 Minuten schlagen.
② Danach das Buchweizenmehl und das Weizenpuder zusammen mit dem Backpulver durchsieben und unterziehen.
③ Den Teig in eine Springform geben und glatt streichen.
④ Die Springform mit dem Teig in den Backofen schieben und 45 Minuten bei 175 °C abbacken.
⑤ Den Boden 2x waagerecht durchschneiden.

Füllung: Kronsbeersahne

① Die Sahne steif schlagen.
② Die 500 g Preiselbeeren in die Sahne mischen.

Weiterverarbeitung:

① Den 1. Boden auf eine Tortenplatte legen.
② Mit einem Drittel der Kronsbeerensahne bestreichen.
③ Den 2. Boden auflegen.
④ Auch ihn mit Kronsbeerensahne füllen.
⑤ Alles mit dem 3. Boden abschließen.
⑥ Den Rand mit der restlichen Kronsbeerensahne glätten.

Belag:

① Den obersten Rand mit den 200 g Kronsbeeren oder der Konfitüre bestreichen.

Belag:

① Die Tortendecke und den Rand mit Krokant und/oder Schokoladenstreuseln dekorieren.
② Je nach Geschmack kann die Torte auch mit Sahnetupfen und Preiselbeerklecksen garniert werden.

Zutaten:

Teig:
6 frische Eier
180 g Zucker
1 TL Vanillezucker
250 g feines Buchweizenmehl
50 g Weizenpuder
    (z. B. Mondamin)
1 TL Backpulver

Füllung: Kronsbeersahne
1 l Sahne
500 g Kronsbeeren

Belag:
200 g Kronsbeeren oder
    Kronsbeerenkonfitüre

Garnitur:
Krokant und/oder
    Schokoladenstreusel nach
    Geschmack
Sahne nach Geschmack

Tipp:
Ein solches Stückchen schmeckt auch als besonderes Dessert sehr lecker.

Heidemehl

Heidemehl ist nur ein anderer Ausdruck für Buchweizenmehl.

Heidesterz

Heidesterz war ursprünglich ein niedersächsisches Arme-Leute-Gericht, das unter anderem aus Buchweizenmehl und Grieben hergestellt wurde.

Heidesand

Mit Heidesand werden die beliebten schlichten Kekse aus Mürbeteig bezeichnet, die aus gebräunter Butter, aus Zucker, Vanillin, Sahne und Salz hergestellt und vor dem Backen in Hagelzucker gewendet werden.

Heidesand

Zutaten:

(Mengen für 10 Personen)

200 g Butter
80 g Puderzucker
50 g Marzipan
1 TL Vanillezucker oder
  Mark 1 Schote
Schale einer 1/2 Zitrone
250 g Mehl
2 frische Eiweiß
etwas Wasser
100 g Hagelzucker

Zubereitung:

1. Butter und Puderzucker schaumig schlagen.
2. Marzipan, Vanille und Zitrone hinzugeben und verrühren.
3. Nun wird das Mehl eingesiebt und untergehoben.
4. Aus dem entstandenen Teig werden Rollen geformt die kalt gestellt werden.
5. Während der Kühlphase Eiweiß und Wasser verquirlen.
6. Die kalten und festen Rollen aus dem Kühlschrank holen, durch das Eiweiß-Wasser ziehen und im Hagelzucker wälzen. Dabei den Hagelzucker ein wenig eindrücken.
7. Die Rollen werden nun in etwa 5 mm dicke Scheiben geschnitten und auf einem Backblech (am besten mit Backpapier bedeckt) gelegt.
8. Abschließend im vorgeheizten Ofen bei 200 °C etwa 12 bis 15 Minuten braun werden lassen.

Heidschnucke bzw. Heideschaf

Heidschnuckenherden rentieren sich heute eigentlich nicht mehr, da sie aber zum touristischen Bild der Lüneburger Heide gehören, gibt es sie noch, die Heideschäfer mit ihren grasenden Herden. Noch heute pflegen die dunkelhäutigen Schafe die Heide besser als es jede Maschine bewerkstelligen könnte. Der Heide tut diese „Rasur" gut, sie würde nämlich sonst verholzen und absterben. Und der Dünger der Tiere ist für den kargen Boden sehr nützlich.

Die alte, kleinwüchsige und äußerst genügsame Wildschafrasse stammt von sardinischen und korsischen Mufflons ab. Sie mögen das magere Heidekraut, fressen aber auch die Keimlinge von Kiefern und Birken, wodurch sie verhindern, dass die Heide zum Wald wird. Ihre kratzige Wolle wird heute kaum mehr verarbeitet. Großer Beliebtheit erfreut sich jedoch immer noch ein lecker zubereiteter Heidschnuckenbraten. Obwohl die Heidschnucken in der Heide ein wildes Leben führen und ihr delikater und recht aromatischer Braten einen wildartigen Geschmack hat, gilt ihr Fleisch nicht als Wildbret. Trotzdem soll in einem Buch mit dem Titel „Speisekammer Wald und Heide" diese typische Delikatesse nicht unberücksichtigt bleiben. Heidschnuckenbraten werden wie Wildgerichte mit Lorbeer, Wacholderbeeren u. v. a. Wildgewürzen zubereitet.

*Gedämpfte
Heidschnuckenschulter:*
1 kg Schulter von der Heid-
    schnucke (ohne Knochen)
etwas Salz
etwas Pfeffer
30 g Schalotten
1 EL Senf
1 EL Tannenhonig
1 EL Schnittlauch
1 EL Thymian
1 TL Rosmarin
1 l Wasser
etwas Salz

Quittensoße:
20 g Schalotten
100 ml Weißwein
50 ml Quittensaft
70 g sehr kalte Butter
50 ml süße Sahne

Glasierte Quitten:
200 g Quitten
3 EL Weißwein
1 EL Puderzucker

*Weitere Zutaten
siehe nächste Seite!*

Gedämpfte Heidschnuckenschulter

mit Quittensoße, glasierten Quitten, Rosenkohl und Maisplätzchen

Zubereitung:

Gedämpfte Heidschnuckenschulter:

1. Die Schulter vom Knochen lösen und von innen mit Salz und Pfeffer würzen.
2. Dann das Fleisch mit Honig und Senf bestreichen.
3. Dann das Stück auf ein sauberes, gut gespültes Handtuch legen.
4. Die 30 g Schalotten in feine Würfel schneiden.
5. Das frische Schnittlauch schneiden sowie den frischen Thymian und Rosmarin hacken.
6. Nachfolgend die Schulter mit den Kräutern und Schalottenstückchen bestreuen.
7. Danach wird das Tuch um das Stück gerollt und festgebunden.
8. Das Bündel wird in einen Bräter gelegt.
9. Der Bräter wird mit ca. 1 l gesalzenem Wasser gefüllt.
10. Der Braten wird so ca. 2 Std. gedämpft.

Quittensoße:

1. Die weiteren 20 g Schalotten ebenfalls würfeln und dann glasig anschwitzen.
2. Die Schalotten mit dem Weißwein sowie dem Quittensaft auffüllen und aufkochen lassen.
3. Aus dem Fleischbräter 200 ml fertige Brühe entnehmen und zur Quittenflüssigkeit geben.
4. Die Quittenbrühe etwas einkochen lassen.
5. Dann die Butter unterrühren.
6. Alles mit der Sahne verfeinern.

glasierte Quitten:

1. Die Quitten schälen, das Kerngehäuse entfernen und in dünne Spalten schneiden.
2. Eine feuerfeste Form einfetten.
3. In die gefettete Form die Quittenspalten legen.
4. Die Früchte mit Puderzucker bestreuen.
5. Im Ofen bei ca. 200 °C ungefähr 15 Min. glasieren.

Rosenkohl:

① Den Rosenkohl putzen und am Strunk kreuzweise einschneiden.
② Das Wasser aufsetzen und salzen.
③ Den Rosenkohl ins Wasser geben und garen.
④ Danach in Eiswasser abschrecken, damit die Kohlköpfchen ihre Farbe behalten.
⑤ Den Speck und die Schalotten klein schneiden.
⑥ Die Butter in einer Pfanne erhitzen und darin den Speck- und die Schalotten-Stückchen anschwitzen.
⑦ Die Schwitze über den Rosenkohl geben.
⑧ Alles mit Muskat würzen.

Maisplätzchen:

① Die Kartoffeln schälen, zum Kochen in einen Topf legen und garen.
② Dann die gekochten Kartoffeln durch eine Kartoffelpresse geben.
③ Das Kartoffelpüree mit den übrigen Zutaten vermengen und würzen.
④ Aus der Masse auf Pergamentpapier eine Rolle formen.
⑤ Die Rolle kühl stellen.
⑥ Die ausgekühlte Kartoffelrolle in dünne Scheiben schneiden.
⑦ Das Fett in der Pfanne erhitzen und darin die Scheiben von allen Seiten braun braten.

Servieren:

① Die Heidschnuckenschulter aufschneiden.
② Die Quitten auf das Fleisch legen.
③ Alles mit der Quittensoße übergießen.
④ Zusammen mit den Beilagen servieren.

weitere Zutaten:

Rosenkohl:
600 g Rosenkohl
etwas Salz
50 g Schinkenspeck
50 g Schalotten
20 g Butter
etwas Muskat

Maisplätzchen:
600 g Kartoffeln
Wasser
4 EL Maismehl
100 g Gemüsemais (Dose)
30 g klein geschnittene Schalotten
3 frische Eigelb
1 EL Speisestärke
etwas Salz
etwas Fett zum Braten

Heidschnuckenleber

mit warmem Zwiebel-Apfelmus
und Kartoffelpuffern

Zutaten:
(Mengen für 4 Personen)

Kartoffelpuffer:
400 g Kartoffeln
50 g Mehl
2 frische Eier
etwas Salz
1 TL frischer Thymian
etwas Pfeffer
etwas Sonnenblumenöl

Heidschnuckenleber:
600 g Heidschnuckenleber
30 g Butterschmalz zum
   Anbraten

Zwiebel-Apfelmus:
3 saure Äpfel
20 g Zucker
300 g Zwiebeln
30 g Butterschmalz zum
   Anbraten
100 ml dunkler Bratenfond
500 ml Weißwein
1/2 Zimtstange
etwas Mehl
etwas Salz
etwas Pfeffer

Zubereitung:
Kartoffelpuffer:
① Die Kartoffeln schälen, reiben und mit den anderen
   Zutaten vermengen.
② Das Öl in einer Pfanne erhitzen.
③ Darin kleine Puffer backen.

Heidschnuckenleber:
① Die Leber in fingerdicke Scheiben schneiden.
② Die Leberstreifen ggf. von Häuten und Gefäßen
   befreien, waschen und gut abtrocknen.
③ Das Fleisch in Mehl wenden.
④ Dann jeweils kurz von beiden Seiten in Butterschmalz
   anbraten.
⑤ Schließlich im Ofen bei 100 °C ungefähr 5 Min. gar
   ziehen lassen.

Zwiebel-Apfelmus:
① Die Zwiebeln in Scheiben schneiden.
② Die Scheiben leicht mit Mehl abstäuben.
③ Eine Pfanne mit Butterschmalz erwärmen.
④ Da hinein die Zwiebelscheiben geben und anrösten.
⑤ Die Äpfel schälen, in Spalten schneiden und zu den
   Zwiebeln in die Pfanne geben.
⑥ Alles mit dem Bratenfond und dem Weißwein auffüllen.
⑦ Anschließend die Zimtstange hinzugeben.
⑧ Die Masse so lange einkochen lassen, bis sie leicht
   sämig wird.

Servieren:
① Kurz vor dem Servieren wird die Leber mit Salz und
   Pfeffer gewürzt und auf den Tellern angerichtet.
② Alles wird mit etwas Zwiebel-Apfelmus überzogen.
③ Die kleinen Puffer werden ebenfalls zugefügt.

Heidschnuckenpfeffer
mit Speck, Zwiebeln und Mohnspätzle

Zubereitung:

Heidschnuckenpfeffer mit Speck und Zwiebeln:

① Den Heidschnuckennacken in Würfel schneiden.
② Die Würfel in heißem Fett scharf anbraten.
③ Die Schalotten schneiden und ebenfalls ins Fett geben, damit sie Farbe bekommen.
④ Das Tomatenmark unterrühren und kurz anschwitzen.

Tipp: Bei Tomatenmark ist Vorsicht geboten, denn es verbrennt leicht und wird dann bitter!

⑤ Den Speck in dünne Streifen schneiden und in den Ansatz geben.
⑥ Alles mit Rotwein ablöschen und einkochen lassen bis keine Flüssigkeit mehr im Topf ist.
⑦ Dann mit dem Fleischfond auffüllen.
⑧ Die Gewürze in einer Gewürzmühle mahlen oder im Mörser fein zerstoßen und so dem Fond zufügen.
⑨ Nun das Fleisch ca. 1 1/2 Std. mit geschlossenem Deckel bei 150 °C im Ofen garen.

Mohnspätzle:

① Das Mehl sieben.
② Die Eier zufügen und mit dem Mehl vermengen.
③ Alles würzen.
④ Löffelweise das Wasser unterrühren.
⑤ Dann den Mohn zugeben.
⑥ Den Teig mit einem Kochlöffel so lange aufschlagen, bis sich Blasen zeigen.
⑦ Einen Topf mit gesalzenem Wasser aufsetzen.
⑧ Die Masse mit einer Spätzle- oder Kartoffelpresse in das kochende Salzwasser drücken und kurz garen lassen.

Tipp: Auch Spätzle sollten – wie Nudeln – bissfest sein!

⑨ Die Spätzle mit einem Schaumlöffel aus dem Topf nehmen und mit kaltem Wasser abschrecken.
⑩ Dann werden sie zum Abtropfen auf ein Sieb gegeben.
⑪ In eine Pfanne wird etwas Butter erhitzt.
⑫ In der heißen Butter werden die Spätzle noch einmal durchgeschwenkt, bis sie heiß sind.
⑬ Dann werden die heißen Spätzle noch mit Muskat gewürzt.

Servieren:

① Die Heidschnuckenragout in einer Terrine oder auf Tellern anrichten.
② Auch die Spätzle können in einer Schüssel oder direkt auf dem Teller serviert werden.

Zutaten:
(Mengen für 4 Personen)

Heidschnuckenpfeffer
mit Speck und Zwiebeln:
800 g Heidschnuckennacken
Butterschmalz zum Anbraten
100 g Bauchspeck
100 g Schalotten
50 g Butterschmalz
1/4 l Rotwein
2 EL Tomatenquark
1 l Fleischbrühe
5 Stück Piment
6 Stück Wacholderbeeren
etwas Salz
etwas Pfeffer
1 Zweig Rosmarin

Mohnspätzle:
500 g Mehl
4 frische Eier
0,1 l Wasser
etwas Salz
2 EL gemahlenen Mohn
50 g Butter
etwas Muskat

Eigene Notizen:

Dekorationen

Servier- und Dekorationstipps

Der hübsch gedeckte Wildtisch

Ein schön gedeckter Tisch ist die Visitenkarte der Gastgeber. Ein noch so leckeres Menü, eingenommen an einem schmuddeligen, nachlässig gedeckten Tisch, verliert rasch an seiner Brillanz – kann sogar den Appetit vollkommen vertreiben. Eine liebevoll hergerichtete Tafel verleiht hingegen Glanz, eine stilvolle Atmosphäre und kann die Stimmung positiv beeinflussen.

Zur Herrichtung einer schmuckvollen Tafel sind der Fantasie keine Grenzen gesetzt. Der Anlass sollte jedoch immer die Dekoration beeinflussen. Bei einem Kindergeburtstag bieten sich andere Schmuckelemente an, als bei einem Festtagsschmaus für eine Jagdgesellschaft. Ein leckeres Wildgericht verlangt ein vollkommen anderes Ambiente als ein rustikales Beefsteak.

Wildgerichte fordern es geradezu heraus, zelebriert zu werden. Der richtige Rahmen kann oft mit kleinen Utensilien geschaffen werden. Oft sind gerade Details das Tüpfchen auf dem „i", die die Sache formvollendet abrunden.

Gerade die Themen Jagd sowie Wildtiere und Wildfrüchte sind sehr ergiebig und bieten vielfältige Möglichkeiten zum Dekorieren. Für Tischdekorationen sind Wald und Heide eine wahre Fundgrube für jeden, der ein Händchen und Auge für Gestaltung hat.

Wie soll der Tisch aussehen? Wie will man sich und sein Menü den Gästen präsentieren? Welche Gegenstände stehen zur Verfügung? Dies sind die Fragen, die sich jeder Gastgeber allerspätestens dann stellt, wenn die letzten Handgriffe in der Küche getan sind. Im nachfolgenden erhalten Sie deshalb ein paar Anregungen für das Eindecken von Wildtischen.

Das Arrangement

Wie bei allen Festtagstafeln gilt: Zu besonderen Anlässen sollte das Alltagsgeschirr im Schrank bleiben und das kostbarere Tafelservice eingedeckt werden. Zu einem Wildgericht passen Dekors mit Wildtieren oder kleinen Jagdszenen. Aber auch ein schlichtes Sortiment kann durchaus stilvollen Glanz verleihen und mit anderen Elementen belebt werden. Hierzu zählt die Tischwäsche (Decken, Bänder, Platzdecken oder Servietten) genauso wie Blumen, Kerzen und Tischkarten.

Wenn draußen alles grünt und blüht, dann sollte man sich für den

Tischschmuck von dieser Pracht bedienen. Ob duftendes blühendes Heidekraut, Wacholderzweige, ob dekorativer Efeu, Knöterich, Waldrebe oder zierliche Heiderosen. Ob Farne natürlich herabhängen, Waldbeeren scheinbar zufällig verstreut oder streng platziert sind, alles hat seinen Reiz. Ob die Dekoration üppig oder dezent eingesetzt wird – hängt ganz vom Geschmack der Gastgeber ab. Oft ist jedoch weniger mehr. Wichtig ist nur, dass die Farben harmonisch aufeinander abgestimmt werden. Erst die Farbabstimmung macht den Tisch zu einer Tafel.

Die Serviette

Servietten, die Tücher aus Stoff oder saugfähigem Papier, dienen längst nicht mehr nur dazu, um sich während und nach dem Essen den Mund abzuwischen oder um mit ihnen seine Kleider vor hässlichen und hartnäckigen Flecken zu schützen. Schon in der Renaissance hatten sie auch einen ästhetischen Zweck. Sie lassen sich herrlich zum Dekorieren benutzen. Schließlich isst das Auge bekanntermaßen immer mit.

Heute unterscheidet man Mund- und Handservietten. Während die Mundserviette obligatorisch zum Gedeck gehört und dem Gast vorbehalten ist, dient die Handserviette dem Servicepersonal zur stilvollen Verrichtung bestimmter Handreichungen.

Bei einem stilvollen Essen dürfen Servietten nicht fehlen. Hier ist darüber zu befinden, ob man die sorgsam gestärkten Tücher einfach durch einen Ring schiebt, oder ob man sich die Mühe macht, die Servietten in eine bestimmte Form zu bringen.

Das In-Form-legen und Brechen von Servietten ist jedoch aus hygienischer Sicht negativ zu beurteilen. Die Kritik zielt darauf ab, das die bearbeiteten Servietten zu oft von fremden Händen berührt worden sind, bevor sie dem Gast zum Mundabwischen vorgelegt werden. Um diesen Vorwurf zu vermeiden, trägt das Servicepersonal von besonders guten Restaurants Handschuhe während des Serviettenbrechens, und auch beim Servieren beugen sie etwaigen bakteriellen Übertragungen durch diese Schutzmaßnahme vor.

Servietten falten ist eine Kunst. Ob Schiff oder Pfau, Pfaffenhütchen oder ein einfacher Fächer – wer die Falttechniken beherrscht, bekommt fast alle Formen hin. Gerade raffinierte Serviettenfiguren verfehlen nicht ihre optische Wirkung und sind der eckigen Serviette unter einer Gabel vorzuziehen.

Tafelspitz

① Die gestärkte Serviette in der Mitte falten und die eine Hälfte über die andere schlagen, sodass ein Rechteck entsteht.
② Die verschlossenen Enden so nach vorne klappen (a), dass sie sich genau in der Hälfte treffen. Nun liegt ein Dreieck vor, bei dem die offenen Seiten an der Basis offen sind.
③ Das nach unten offene Dreieck wird nun in der Mitte nach innen geknickt.
④ Nun lässt sich das steife Tuchmaterial aufstellen (b).

Doppelter Tafelspitz (auch Dinner genannt)

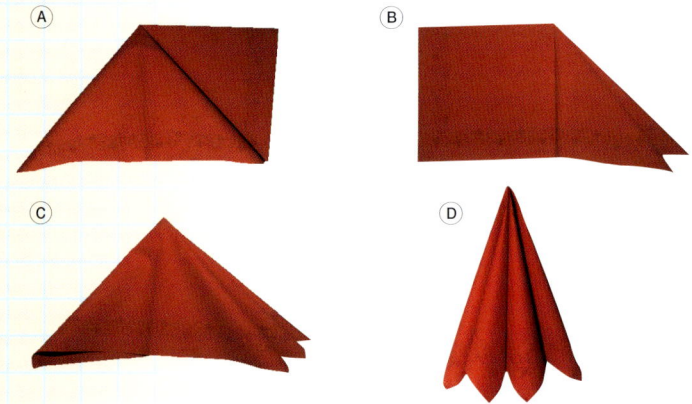

① Zunächst bricht man die Serviette wie beim einfachen Tafelspitz zu einem Dreieck (Schritte 1–3).
② Die Dreiecke werden wieder zurückgeschlagen, da nur die Falten benötigt werden.
③ Nun werden die beiden Lagen jeder Ecke nach innen gestülpt (a). Dies gelingt durch die zuvor eingebrachten Falten recht gut.
④ Die Dreieckstüte mit der Falte in der Mitte wird nun mittig übereinander geschlagen (b).
⑤ Auf der anderen Seite wird genau so verfahren, sodass 4 Zipfel entstehen.
⑥ Die beiden nach unten gerichteten Dreieckstüten auf jeder Seite werden nun in der Mitte geknickt (c).
⑦ Nun lässt sich das steife Gebilde aufstellen (d).

Stehender Fächer

① Die fest gestärkte Serviette genau in der Mitte einmal falten.
② Dann die übereinander geschlagene Serviette bis zur Hälfte in gegenläufige kleine Streifen falten, d.h. einen Streifen mal nach hinten, den nächsten nach vorne abknicken bis ein Ziehharmonika-Teil entstanden ist (a).
③ Nun wird die Serviette erneut in der Mitte quer durch den Ziehharmonika-Teil umbrochen, sodass auf dieser Seite ein Fächer entsteht (b).
④ Die bisher unbearbeitete glatte, rechteckige Fläche wird nun zu einer Spitze umbrochen. Dadurch entsteht die Stützvorrichtung für den stehenden Fächer.
⑤ Nun kann der Fächer auseinander gezogen und aufgestellt werden.
⑥ Durch die Stütze kann der Fächer nicht umfallen.

Variante: Stehender Fächer mit zwei Servietten

Der stehende Fächer kann noch interessanter gestaltet werden, wenn man den beschriebenen Vorgang gleichzeitig mit zwei verschiedenfarbigen Servietten vornimmt. Die Figur wird noch kontrastreicher, wenn eine Serviette etwas kleiner als die andere ist.

Die Lilie

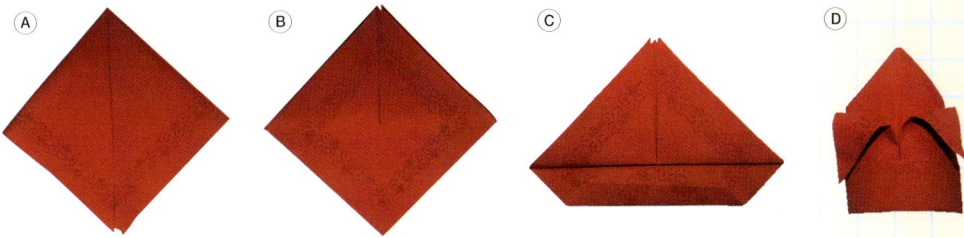

① Die Serviette einmal zu einem Dreieck falten (a).
② Die Eckenenden auf die mittlere Ecke legen, sodass alle offenen Ecken übereinander liegen und ein Quadrat entstanden ist.

199

③ Von den offenen Enden die oberste Servietten-Lage in der Hälfte brechen, sodass sie die gegenüberliegende verschlossene Ecke berühren (b). Nun ist scheinbar eine Serviettentasche entstanden, die jedoch vorne nicht verschlossen ist.

④ Nun schlägt man auch die andere, die untere, Ecklage bis zur Hälfte des Gesamtgebildes, d.h. bis zur vermeintlichen Öffnung der Tasche, ein.

⑤ Anschließend wird diese abgeknickte Lasche ein weiteres Mal in ihrer Mitte bis zur Hälfte des Gesamtgebildes geknickt (c).

⑥ Den letzten angeschrägten Streifen der oberen Lasche nach vorne klappen, sodass sie die scheinbare Serviettentasche verdeckt.

⑦ Das rechte und linke Ende nach hinten biegen und so ineinanderstecken, dass sie festhalten. Die annähernd runde Form kann aufgestellt werden.

⑧ Die beiden vorderen Zipfel sind lose und können locker in einer Welle nach unten gebogen und in die feste untere Banderole gesteckt werden. So hält die Figur (d).

Bischofsmütze

① Die steife Serviette in der Mitte so zu einem Rechteck falten, dass die geöffneten Seiten nach oben zeigen.

② Die obere linke und die untere rechte Ecke schräg zur Mitte hin brechen, sodass die Knicke jeweils genau durch die beiden anderen Ecken laufen. Dadurch entsteht eine Raute, bei der die flachen Seiten oben und die losen Ecken unten liegen sollten.

③ Die ganze Formation um 90° drehen, sodass wieder eine geschlossene gerade Basis als Grundlinie vorliegt.

④ Die Raute wird nun noch einmal längs gebrochen, sodass die Ecken herausspringen und über den Rumpf ragen (b).

⑤ Die Figur wird so gedreht (180°), dass die rausragende Ecke sich oben befindet.

⑥ Nun nimmt man die Figur auf, biegt sie in der Mitte ein wenig nach vorne, richtet beide eckigen Seiten nach hinten und steckt die rechte Spitze in die linke.

⑦ Abschließend wird die Bischofsmütze noch etwas ausgebeult und ggf. zurechtgezupft, bevor sie aufgestellt wird (c).

Dschunke

 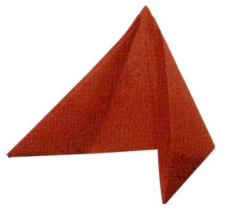  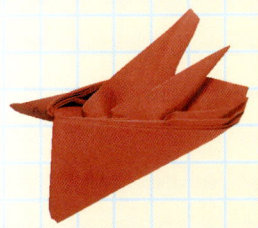

① Die steife Serviette in der Mitte so zu einem Rechteck falten, dass die geöffneten Seiten nach oben zeigen.

② Das doppellagige Rechteck noch einmal in der Mitte brechen, sodass ein vierlagiges Quadrat entsteht.

③ Dieses wird nun diagonal gefaltet, wodurch ein achtlagiges Dreieck vorliegt.

④ Die Figur so drehen, dass die offenen Enden nach oben zeigen. Die Enden dieses Gebildes so knicken, dass sich beide Hälften in der Mitte berühren. Nun hat die Serviette eine Drachenfigur.

⑤ Die unten überstehenden Zipfel jeweils nach hinten biegen.

⑥ Die neue Formation der Länge nach in der Mitte falten, sodass die offene Seite nach außen zeigt.

⑦ Nun werden aus der offenen Lasche ein paar Zipfel als Segel herausgezogen.

⑧ Die Bötchen können nun die Tafel dekorieren.

Menükarten

Bei aufwändigen, mehrgängigen Menüs ist eine Menükarte angebracht, die die Speise- und Getränkefolge wie ein Programm auflistet. Solche Karten werden durch eine ansprechende Gestaltung in den Tafelschmuck eingefügt. Die hübsche Gestaltung lohnt sich vor allem auch deshalb, weil sie von vielen Gästen wie Gastgebern als nette Erinnerung aufgehoben werden.

Bevor wir einige selbst gestaltete Exemplare als Anregung vorstellen, soll darauf hingewiesen werden, dass die Karten entweder zu jedem Gedeck gelegt, hinter den Tellern aufgestellt oder aber in speziellen Vorrichtungen gehalten werden können.

Es ist auch darüber nachzudenken, ob das Menü tatsächlich immer auf einer Karte aufgelistet werden muss, auch ein mit Goldstift beschriebenes größeres Blatt oder ein beschriebener Apfel können eine originelle Alternative sein.

Rezepte nach Wildtieren und Wildfrüchten

Wildbretgerichte

Wildbret allgemein

Kartoffel-Steinpilz-Topf mit Wildschinken 103
Klare Wildkraftbrühe mit Steinpilzklößchen und Bärlauch 104
Pfifferlingsessenz mit Schinkenwickeln 108
Wildrahmsuppe mit Walderdbeeren und grünem Pfeffer 114

Damwild

Damhirschpfeffer 117
Damhirschrücken in Waldwiesenheu, gegart mit Wurzelgemüse
    und Kartoffelwürfeln 118
Gebratenes Damhirschfilet auf herbstlichen Blattsalaten
    mit Johannisbeer-Dressing 84
Glasierter Damhirschrücken mit Zwetschgenkraut und Kartoffelkrapfen 132

Hase

Glasierte Hasenkeulen mit Machandeln 136

Rehwild

Eskariolsuppe mit Rehhaxe und Morcheln 98
Geschnetzeltes Rehfilet mit Pfifferlingen in Preiselbeerrahm
    dazu Buchweizenbuchteln 130
Pudding von der Rehleber auf Hagebuttenschaum 88
Rehfilet im Strudelteig auf Zwiebelmarmelade 90
Rehkeule im Kräutermantel 142
Rehragout mit Pfifferlingen 143
Rehrücken mit Staudensellerie 144
Rotkrautsuppe mit Rehfiletstreifen und Pfeffersauerrahm 110

Rotwild

Erlesene Hirschsuppe 97
Gebratene Hirschleber im Nussmantel auf Sellerie-Apfel-Salat 86
Hirschkalbsmedaillons in der Haselnusskruste,
    auf Kerbelmöhren und Kartoffelpilzküchlein 138
Hirschragout mit Maronenröhrlingen und Majorannudeln 140
Roulade vom Rothirsch mit Waldpilzfüllung,
    Quittensoße und Gemüsekuchen 147
Schaumsüppchen von frischen Steinpilzen mit Hirschschinken 112

Schwarzwild

Gebratener Frischlingsrücken in Kronsbeerenrahm 121
Geschmorte Wildschweinhaxen im Wirsingmantel mit
    Brombeerspecksoße und Kartoffelschnee 124
Geschmorte Wildschweinschulter auf Schwarzbrotgraupen,
    Maronenröhrlingen und gebackenen Holunderbeeren 126

Kürbissuppe mit gekräuterten Filetstreifen vom Wildschwein 107
Sauerkrautroulade mit Wildschweinfilet auf Steinpilzrahm
    und Karamellkartoffeln. 148
Wilder Schweinskopf. 129
Wildschweinragout mit Curry und gebratenen Apfelkugeln. 155
Wildschweinkotelett mit Steinpilzragout,
    Brokkolitörtchen und Speckkartoffeln 154

Wildkaninchen
Gebeiztes Wildkaninchen 120
Geschmortes Wildkaninchen 123
Sülze vom Wildkaninchen. 94
Wildkaninchen im Topf 153

Ringeltaube
Aufgebratene Ringeltauben 101
Hervorragende Ringeltaubenbrühe nach Prof. Dr. Vauk. 100
Taubenbrühe mit Einlagen. 101
Wildtauben mit Pfifferlingen 156

Wildente
Gefüllte Wildente mit Backpflaumen 122
Wildenten mit Pomeranzensoße. 152

Wildbeeren-Gerichte

Waldbeeren allgemein
Mohnkrem mit Waldbeeren und weißem Rübensirup 166
Rote Grütze 169
Spargelsalat in Karamellsoße mit Waldbeeren 174
Waldbeerengrütze mit Grießrauten. 176

Blaubeeren
Bickbeerpfannkuchen 158
Blaubeer-Quark-Krem 158
Gefüllte Sauerkrem mit Blaubeeren 162
Heidebeeren-Kuchen. 181

Brombeeren
Brombeerkrem 159
Geschmorte Wildschweinhaxen im Wirsingmantel mit
    Brombeerspecksoße und Kartoffelschnee 124

Ebereschen
Buchweizenpfannkuchen mit Ebereschenmark und Brombeereis 160

Hagebutten
Hagebutten-Kompott 165
Hagebuttensuppe 100
Pudding von der Rehleber auf Hagebuttenschaum. 88
Sauerampfer-Walnusskrem auf Hagebuttenmark
    und Birnenspalten 170

Holunder

Geschmorte Wildschweinschulter auf Schwarzbrotgraupen,
  Maronenröhrlingen und gebackenen Holunderbeeren 126
Holunderküchlein.. 165

Johannisbeere

Gebratenes Damhirschfilet auf herbstlichen Blattsalaten
  mit Johannisbeer-Dressing 84

Kronsbeere / Preiselbeere

Gebratener Frischlingsrücken in Kronsbeerenrahm.................... 121
Geschnetzeltes Rehfilet mit Pfifferlingen in Preiselbeerrahm,
  dazu Buchweizenbuchteln 130
Spargeleis mit Löwenzahnhonig, Preiselbeerkompott
  und Dinkelherzen 173

Walderdbeeren

Wildrahmsuppe mit Walderdbeeren und grünem Pfeffer 114
Geißblattparfait mit Walderdbeeren und Walnussschaum 164

Pilz-Gerichte

Pilze allgemein

Roulade vom Rothirsch mit Waldpilzfüllung, Quittensoße
  und Gemüsekuchen 147
Sülze von Waldpilzen auf Kräutersauerrahm 92

Maronenröhrling

Geschmorte Wildschweinschulter auf Schwarzbrotgraupen,
  Maronenröhrlingen und gebackenen Holunderbeeren 126
Hirschragout mit Maronenröhrlingen und Majorannudeln............... 140

Parasolpilz

Panierter Parasolpilz... 52

Pfifferling

Geschnetzeltes Rehfilet mit Pfifferlingen in Preiselbeerrahm,
  dazu Buchweizenbuchteln 130
Pfifferlingsessenz mit Schinkenwickeln 108
Rehragout mit Pfifferlingen und Spätzle.......................... 143
Wildtauben mit Pfifferlingen 156

Steinpilz

Klare Wildkraftbrühe mit Steinpilzklößchen und Bärlauch 104
Sauerkrautroulade mit Wildschweinfilet auf Steinpilzrahm
  und Karamellkartoffeln..................................... 148
Schaumsüppchen von frischen Steinpilzen mit Hirschschinken........... 112
Wildschweinkotelett mit Steinpilzragout, Brokkolitörtchen
  und Speckkartoffeln 154

Gerichte aus sonstigen Heide-Produkten

Heidehonig
Heideblütenhonig-Parfait 183
Heideblütentee mit Honig 181

Heidekartoffel
Frische Heidekartoffeln mit Quark-Speck-Stippe 184

Heidekorn
Buchweizen-Pfannkuchen mit Ebereschenmark und Brombeereis 160
Buchweizenpfannkuchen nach Großmutter Art 159
Buchweizen-Torte oder Heidjer-Torte 186
Geschnetzeltes Rehfilet mit Pfifferlingen in Preiselbeerrahm,
    dazu Buchweizenbuchteln 130
Heidesand 188

Heidschnucke
Gedämpfte Heidschnuckenschulter mit Quittensoße,
    glasierten Quitten, Rosenkohl und Maisplätzchen 190
Heidschnuckenleber mit warmem Zwiebel-Apfelmus
    und Kartoffelpuffern 192
Heidschnuckenpfeffer mit Speck, Zwiebeln und Mohnspätzle 193

Nuss
Gebratene Hirschleber im Nussmantel auf Sellerie-Apfel-Salat 86
Geißblattparfait mit Walderdbeeren und Walnussschaum 164
Hirschkalbsmedaillons in der Haselnusskruste, auf Kerbelmöhren,
    und Kartoffelpilzküchlein 138
Sauerampfer-Walnusskrem auf Hagebuttenmark und Birnenspalten 170

Spargel
Spargelsalat in Karamellsoße mit Waldbeeren 174
Spargeleis mit Löwenzahnhonig, Preiselbeerkompott
    und Dinkelherzen 173

Die Mitwirkenden

Prof. Dr. Gottfried Vauk
geboren 1925
- Zoologe, Botaniker und Geologe, 1956 Promotion
- 1956 bis 1987 Wiederaufbau und wissenschaftliche Leitung der international bedeutenden Vogelwarte Helgoland
- vielseitiger Wissenschaftler, Öffentlichkeitsarbeiter, Berater, Dozent an mehreren Universitäten und langjähriger Vorsitzender des Vereins Jordsand e.V.
- langjähriger Leiter der Norddeutschen Naturschutzakademie in Schneverdingen
- zahlreiche ornithologische, jagd- und wildbiologische Veröffentlichungen
- passionierter Jäger und leidenschaftlicher Koch von natur-belassener Wildküche

Lutz Behrendt
geboren 1963
- Ausbildung zum Koch im Bremer Ratskeller
- Tätigkeit als Koch im Bremer Park Hotel
- anschließend: Studium der Lebensmittelwissenschaft und Germanistik für das Lehramt an berufsbildenden Schulen in Hannover
- seit 1998 Studiendirektor und Koordinator an den Berufsbildenden Schulen Soltau für die Leitung der Abteilungen Gastronomie und Hauswirtschaft verantwortlich

Jens Stumpf
geboren 1968
- Ausbildung zum Koch im Ringhotel Celler Tor
- Küchenmeisterprüfung in Hannover 1995
- Tätigkeit als Küchenleiter in verschiedenen Betrieben
- 1996 aufgenommen in die Nds. Regionalmannschaft der Köche
- 2. Vorsitzender im Verein der Celler Köche
- seit 1.9.1999 Lehrer für Fachpraxis an den Berufsbildenden Schulen Soltau

Elke Cordes
geboren 1956
- ausgebildete Hauswirtschaftsleiterin
- anschließend Tätigkeit als Hausdame im Hotel
- Fachpraxis-Lehrerin für die Serviceberufe (Hotelfachleute, Restaurantfachleute) im Hotel- und Gaststättenbereich an den Berufsbildenden Schulen Soltau

Bildnachweise

Albers, Rudolf *S. 57, 69, 83, 94, 102, 136, 179, 189*
Bavaria Bildagentur, Lange *S. 50*; Schulz, O. *S. 51*;
Rolfes, W. *S. 52* (oben); Lederer *S. 53* (unten); Reinhard, H. *S. 55*
Arndt, Sven-Erik *S. 62*
Bink, Margarete *S. 18, 65*
Brütt, Erhard *S. 8, 12, 15, 24, 33, 37, 39, 40, 41, 42, 43, 44, 45, 46, 53 (oben),*
        58 (unten), 59, 71, 135, 157, 191, 204 (2), 194–199
Brütt, Ruth S. 52 (unten), 70
Clever, Ulrike S. 58 (oben), 86 (unten), 107, 181, 204 (2)
Felsberg, Joachim S. 61
Gauditz, Peter *S. 84, 86, 88, 90, 92, 98, 106, 108, 110, 112, 118, 124, 126, 130,*
        132, 138, 148, 160, 166, 170, 174, 175
Kierok, Thomas *S. 186*
Matwijow, Klaus *S. 47*
Siedel, Fritz *S. 22, 116, 193*
Weber, Jürgen *S. 20, 26, 28, 29, 35, 56, 66, 68, 72, 96, 146, 151, 168*